Das

Verfahren in Subhastationssachen.

Eine Zusammenstellung

sämmtlicher nach Thl. I. Tit. 52. der allgemeinen Gerichtsordnung, der Verordnung vom 4. März 1834 und den späteren Gesetzen geltenden Vorschriften.

Von

M. Delius,

Kreisgerichts-Direktor.

Berlin.

Druck und Verlag von Georg Reimer.

1856.

Bereits durch die Verordnung v. 4. März 1834 über den Subhastationsprozeß sind die Vorschriften der allgemeinen Gerichtsordnung im I. Theil Tit. 52. vom Subhastationsprozeß vielfach abgeändert worden, und die Konkurs-Ordnung vom 8. Mai 1855 hat im Tit. 5. Abschnitt 3. wiederum die Bestimmungen der Verordnung vom 4. März 1834 vielfach abgeändert. Die Uebersicht aller dieser Vorschriften wird dadurch erschwert, daß sowohl jene Verordnung als auch der gedachte Abschnitt der Konkurs-Ordnung nur in Novellenform erlassen ist. Es erscheint daher eine Zusammenstellung der jetzt geltenden gesetzlichen Bestimmungen über das Verfahren in Subhastationssachen unter Hinweglassung der aufgehobenen Bestimmungen für den praktischen Gebrauch dringend nothwendig. In der vorliegenden Schrift sind sämmtliche betreffende Gesetze kodifizirt, und die im Texte in Bezug genommenen Gesetzesvorschriften sowie die einschlagenden Justiz-Ministerial-Rescripte und Entscheidungen des königlichen Ober-Tribunals, welche zur Erläuterung des Textes dienen, in Anmerkungen beigefügt.

Vom Subhastations-Prozesse.

Die Subhastation findet nur Statt:

Begriff und Objekte der Subhastation.

1. bei Grundstücken
2. bei Gerechtigkeiten, welchen das Gesetz die Eigenschaft einer unbeweglichen Sache beilegt, und
3. bei Schiffen, zu deren Verpfändung die Naturalübergabe an den Gläubiger gesetzlich nicht erforderlich ist (Allgem. Landr. Th. I. Tit. 20. §. 300.) [1.] [2.]).

(§. 1. der Verordnung v. 4. März 1834.)

Wenn dergleichen Gegenstände gerichtlich feilgestellt, und die Kauflustigen öffentlich aufgefordert werden, sich zu melden, ihr Gebot abzugeben, und in so fern sie Meist- und Bestbietende bleiben, den Zuschlag zu erwarten; so heißt dieses eine Subhastation.
(§. 1. Tit. 52. Thl. I. der allg. Gerichts-Ordn.)

Dergleichen Subhastation ist entweder nothwendig oder freiwillig. Zwischen beiden waltet einiger Unterschied des Verfahrens ob.

Anmerk. 1. Der nothwendige Verkauf der zum Transport von Fracht dienenden Stromschiffe ist ohne Rücksicht darauf, ob ein Beylbrief oder Bauattest ertheilt ist oder nicht, stets im Wege der Subhastation zu veranlassen. Rescr. v. 16. Dezbr. 1837. (v. Kamptz Jahrb. Bd. 50. S. 533.)

Anmerk. 2. Die Subhastation von Begräbnißplätzen, welche überhaupt dem bürgerlichen Verkehre entzogen sind, und von Synagogen ist unstatthaft. Kab. Ord. v. 14. April und 26. Oktbr. 1840. (Just.-Minist.-Blatt 1840. S. 143. u. 340.)

Erster Abschnitt.

Von der nothwendigen Subhastation. [3.]

In welchen Fällen sie erforderlich sei.

Die nothwendige Subhastation wird entweder im Wege der Exekution auf das Andringen eines oder etlicher Gläubiger, welche aus dem Immobile ihre Befriedigung suchen, oder im Konkurse auf Instanz des Kurators der Masse veranlaßt.

(§. 5. Tit. 52. Th. I. der A.G.O.)

Außer den Fällen der Exekution und des Konkurses tritt die nothwendige Subhastation mit ihren Wirkungen auch alsdann ein, wenn der Verkauf erfolgen soll:

1. im erbschaftlichen Liquidationsprozesse, [4.])
   (§. 2. der alleg. Verordn.)
2. auf den Antrag des Benefizialerben, [5.]) [6.])
   (§. 404. der Konkurs-Ordn. v. 8. Mai 1855.)
   die nothwendige Subhastation zum Nachlaß gehöriger Grundstücke und Gerechtigkeiten findet auf den Antrag eines jeden Benefizialerben mit voller Wirkung statt;
   (Verordn. v. 28. März 1840. G.S. S. 104.)
3. auf den Antrag eines Miteigenthümers zum Zwecke der

Anmerk. 3. Ueber das Verfahren bei nothwendigen Subhastationen pommerscher Lehngüter enthält die Verordn. v. 11. Mai 1839. (G.S. S. 167.) besondere Vorschriften.

Anmerk. 4. Wird eine Subhastation im Wege der Exekution in Antrag gebracht, so ist in dem Zahlungsbefehle an den Schuldner die Frist, binnen welcher demselben genügt werden soll, auf 4 Wochen zu bestimmen. §. 5. der Exekut. Verordn. v. 4. März 1834. G.S. S. 31.

Anmerk. 5. Der Erbe, welcher auf Eröffnung des Liquidationsverfahrens vorschriftsmäßig angetragen hat, bleibt im Besitz und der Verwaltung des Nachlasses (§. 345. der Konk.O.). Die nothwendige Subhastation eines Nachlaßgrundstückes kann auch von dem Erben selbst in Antrag gebracht werden (§. 359. der Konk.O.).

Anmerk. 6. Es versteht sich von selbst, daß der Benefizialerbe seine Legitimation führen d. h. sein Erbrecht, und daß ihm die Rechtswohlthat des Inventariums wirklich zustehe, nachweisen muß. Rescr. v. 10. Novbr. 1836. (Jahrb. Bd. 48. S. 467.)

Dem Antrage des Benefizialerben auf Subhastation steht der Umstand, daß der Besitztitel auf seinen und seiner Miterben Namen noch nicht berichtigt ist, nicht entgegen; dies macht nur das gleichzeitige Aufgebot der Realprätendenten nöthig (§. 7. der alleg.

Auseinandersetzung insofern die eingeleitete Subhastation die Wirkungen einer nothwendigen Subhastation nicht blos gegen die Miteigenthümer, sondern auch gegen die Realgläubiger hat; [7.]) [8.])
(§. 404. der Konk. Ordn.)

Verordn.). In einem solchen Falle ist zur Begründung des Antrages auf Subhastation nur erforderlich:

1. daß der Extrahent das Eigenthum des Erblassers so weit nachweist, als nach der Kab. Ord. v. 9. Mai 1839. G.S. S. 163. zum Erlaß der Edikta-Citation erfordert wird,
2. daß er sich selbst als Erben legitimirt, und
3. daß er die Miterben nach Namen und Wohnort, so weit ihm dies bereits bekannt ist, angiebt.

Rescr. v. 30. Septbr. 1842. (J.M.Bl. S. 322.)

Der Benefizialerbe kann also über das Nachlaßgrundstück insoweit verfügen, als er dessen Subhastation zu beantragen berechtigt ist (§§. 447. u. 455. Tit. 9. Th. I. A.L.R.), und es muß daher der Ueberrest der Kaufgelder nach Befriedigung der Real-Gläubiger dem Erben ausgezahlt werden, so weit Seitens der persönlichen Erschaftsgläubiger keine Dispositionsbeschränkung durch Arrestschlag ꝛc. herbeigeführt ist. Rescr. v. 18. April 1837. (Jahrb. Bd. 49. S. 459.)

Anmerk. 7. Falls nicht alle Miteigenthümer freiwillige Subhastation beantragen, erfolgt nothwendige Subhastation. Entscheid. des Ober-Tribun. Bd. 7. S. 101.

Anmerk. 8. Nach den im A.L.R. Th. I. Tit. 17. §§. 172. 173. 175. 189 bis 191 aufgestellten Grundsätzen hat jeder Miteigenthümer die Befugniß, den öffentlichen Verkauf der gemeinschaftlichen Sache behufs der Auseinandersetzung mit seinen Miteigenthümern zu fordern, insofern nicht der Vertrag, welcher die Gemeinschaft begründet, entgegensteht. Die Provokation auf den öffentlichen Verkauf ist den aus dem Hypothekenbuche erhellenden Miteigenthümern mit der Aufforderung mitzutheilen, sich binnen 4 Wochen über die in Antrag gebrachte Veräußerung, mit Beziehung auf den §. 75. a. a. O., zu erklären, und wenn sie keine Einwendungen aufstellen, welche den öffentlichen Verkauf für immer oder zur Zeit ausschließen, die Subhastation einzuleiten. Stellen sie dagegen Einwendungen jener Art auf, so sind dieselben dem Provokanten mitzutheilen, und es ist derselbe zum Rechtswege zu verweisen. Rescr. v. 30. Juni 1834. (Jahrb. Bd. 43. S. 449.)

Andere Einwendungen als die aus dem §. 75. Tit. 17. Th. I. des A.L.R. entnommenen, welcher § lautet:

> die Theilung des gemeinschaftlichen Eigenthums findet in allen Fällen statt, wo nicht ausdrückliche Gesetze, Verträge oder rechtsgültige Verordnungen eines Dritten entgegenstehen,

können die sofortige Einleitung der Subhastation nicht aufhalten. Rescr. v. 11. April 1846. (Jahrb. Bd. 47. S. 511.) Rescr. v. 30. Mai 1840. (J.M.Bl. S. 196.)

eine solche Subhastation hat die Wirkungen einer nothwendigen Subhastation nur gegen die Miteigenthümer, nicht aber gegen Pächter, Miether, eingetragene Gläubiger und andere Realberechtigte, deren Zuziehung bei dem Verfahren es daher nicht bedarf;

haften jedoch auf dem Antheil eines Miteigenthümers, gegen welchen zum Zweck der Auseinandersetzung auf Subhastation angetragen wird, Hypothekenschulden oder andere Reallasten, für welche der Antheil des Extrahenten der Subhastation nicht mit verhaftet ist, so treten in Beziehung auf jene Schulden und Lasten die Wirkungen der nothwendigen Subhastation wie gegen den Miteigenthümer selbst ein; die Inhaber solcher Hypotheken- und Realrechte sind rücksichtlich des ihnen verpfändeten Antheils und der darauf fallenden Kaufgelder-Rate nach den Vorschriften der Verordnung vom 4. März 1834. zu behandeln [9.]).

(Verordn. v. 11. August 1843. G.S. S. 323.)

Vor welchem Richter sie erfolgen müsse.

Die Veranstaltung der Subhastation gebührt dem Richter, unter welchem die Sache gelegen ist. Bloße Pertinenzstücke werden zwar von dem Richter, unter welchen sie gehören, taxirt, ihre Subhastation aber erfolgt der Regel nach und außer dem in der Gerichtsordnung Tit. 50. §. 662. bestimmten speziellen Falle bei dem Richter des Hauptgutes mit diesem zugleich [10.]).

(§. 9. a. a. O. der A.G.O.)

Wenn also die Exekution oder der Konkurs, bei welchem die Subhastation nachgesucht wird, von einem andern Gerichte dirigirt worden ist, so muß dieses den Richter der Sache um deren Vollstreckung requiriren [11.]).

(§. 10. a. a. O. der A.G.O.)

Anmerk. 9. Ob der die Subhastation beantragende Miteigenthümer zugleich Benefizialerbe ist oder nicht, ist gleichgültig, da es genügt, wenn einer der aufgeführten 3 Fälle, welche disjunktiv zu verstehen sind, vorliegt. Rescr. v. 10. Novbr. 1836. (Jahrb. Bd. 48. S. 465.)

Anmerk. 10. §. 662. Tit. 50. Th. I. der A.G.O. lautet:

Wenn jedoch ein solches Pertinenzstück mit dem Hauptgute nicht nothwendig verbunden wäre, sondern davon füglich getrennt werden könnte, und die Gläubiger einen besonderen Verkauf desselben ausdrücklich verlangten, so gebührt dieser dem Richter, unter welchem dies Pertinenzstück gelegen ist.

Anmerk. 11. Wenn mehrere in dem Sprengel verschiedener Gerichte erster Instanz belegene Grundstücke desselben Besitzers im Wege der nothwendigen oder freiwilligen Subhastation veräußert werden sollen, so kann auf den Antrag des Extrahenten ein gemeinschaftlicher

Wird eine nothwendige Subhastation eingeleitet, so ist zugleich von Amtswegen ein Vermerk in das Hypothekenbuch einzutragen: daß die Subhastation verfügt worden, und spätere Dispositionen den bis dahin eingetragenen Gläubigern unnachtheilig sind [12.]). Subhastations-Vermerk.

(§. 3. der alleg. Verordn.)

Jede Subhastation setzt nothwendig die Abschätzung der zu verkaufenden Sache voraus. Abschätzung der zu verkaufenden Sache.

(§. 11. a. a. O. der A.G.O.)

Diese Taxe hat jedoch blos die Belehrung und Information der Kauflustigen von der Beschaffenheit des feilgebotenen Grundstückes und der dabei anzutreffenden Realitäten zum Endzwecke, und soll denselben zum Leitfaden dienen, nach welchem sie an Ort und Stelle über diese Realitäten und deren Ertrag nähere Erkundigung anstellen können. Keineswegs aber sollen das Gericht

---

Gerichtsstand hierzu bestimmt werden. Diese Bestimmung steht dem Appellationsgerichte zu, wenn die betreffenden Gerichte zu dessen Sprengel gehören, dem Ober-Tribunal, wenn dieselben zu verschiedenen Appellationsgerichts-Sprengeln gehören. Art. V. des Ges. v. 26. April 1851. (G.S. S. 183.)

Anmerk. 12. Es muß zwar die Regel festgehalten werden, daß ein Jeder, der eine Subhastation in Antrag bringt, zur Deckung der unvermeidlichen baaren Auslagen einen angemessenen Kostenvorschuß leiste; von dieser Regel muß jedoch eine Ausnahme gemacht werden, wenn der Extrahent den Vorschuß nicht aufbringen kann, die Versagung der Subhastation also in eine Rechtsverweigerung übergehen würde. Rescr. v. 21. Juli 1837. (Jahrb. Bd. 50. S. 129.)

Wenn die Prozeßvollmacht nicht schon ausdrücklich die Befugniß enthält, die Subhastation zu extrahiren, und in dem Subhastationsprozesse die Rechte des Klägers wahrzunehmen, so muß, da der Subhastationsprozeß ein ganz neuer Prozeß ist, der Mandatar sich zur Ausbringung der Subhastation durch eine neue, hierauf gerichtete Vollmacht legitimiren, ehe auf seinen Antrag eingegangen wird. Rescr. v. 25. April 1834. (Jahrb. Bd. 43. S. 480.)

Ein zum Generalbevollmächtigten bestellter Rechtsanwalt kann seinen Machtgeber vor dem Subhastationsgerichte nur dann vertreten, wenn er bei diesem zur Praxis berechtigt ist. Rescr. v. 26. April 1837. (Jahrb. Bd. 49. S. 458.)

Bei Einleitung der Subhastation ist die Anfertigung und Herübergabe eines vollständigen Hypothekenscheines — bei noch nicht regulirtem Hypothekenbuche aber ein Verzeichniß der angemeldeten Realforderungen — bei den betreffenden Grundakten über das subhastagestellte Grundstück zu veranlassen. Instrukt. v. 21. April 1841. (J.M.Bl. S. 171.)

oder der Kurator oder die Gläubiger die Taxe zu vertreten schuldig sein, sondern alle Lizitationen und Adjudikationen sollen der Regel nach in Pausch und Bogen geschehen, dergestalt, daß nur alsdann, wenn das ganze Grundstück oder ein Theil desselben von einem Dritten evinzirt wird, oder ein mit zum Anschlage gebrachtes Stück oder eine dergleichen Gerechtigkeit gar nicht vorhanden ist, die verkaufenden und aus den Kaufgeldern bezahlten Gläubiger nach dem Verhältniß des Gebotes gegen die Taxe dem Käufer deshalb Gewähr leisten dürfen.

(§. 12. a. a. O. der A.G.O.)

Aufnehmung der Taxe:

Was nun die Veranlassung der Taxation betrifft, so ist ein Unterschied zu machen: ob das zu subhastirende Immobile ein adliches Gut, oder ob es nur ein städtisches oder anderes nicht adliches Gut sei.

(§. 13. a. a. O. der A.G.O.)

1. eines adlichen Gutes

In den Provinzen, wo Kreditsysteme errichtet sind, muß die Taxation der adlichen Güter demjenigen landschaftlichen Kollegio, unter dessen Departement sie gehören, aufgetragen werden; (gleichviel ob sie bepfandbrieft sind oder nicht)

(§. 14. a. a. O. der A.G.O.)

ausgeschlossen sind hiervon und nach §§. 17. flgde. a. a. O. der A.G.O. abzuschätzen:

1. die adlichen Güter des Posenschen Kredit-Systemes, dessen Reglement die Landschaft zur Aufnahme der Taxen unbepfandbriefter Güter für den gerichtlichen Gebrauch nicht verpflichtet,
2. diejenigen adlichen Güter, deren geringer Erwerbspreis die Bepfandbriefung derselben nach den Vorschriften der einzelnen Kredit-Reglements nicht gestattet.

(Kab. Ord. v. 1. Juli 1834. G.S. S. 88.)

Die Landschaft muß dabei nach den in jeder Provinz und Distrikte ihr vorgeschriebenen Grundsätzen verfahren, und die von ihr solchergestalt aufgenommene und revidirte Taxe dem Gerichte zur weiteren Verfügung einsenden.

(§. 15. a. a. O. der A.G.O.)

Zwischen einer solchen von der Landschaft zum Behufe einer Subhastation aufgenommenen Taxe und derjenigen, welche sie blos zur Bestimmung ihres auf ein Gut zu gebenden Kredits errichtet, waltet jedoch der Unterschied ob, daß, wenn bei einem Gute Realitäten vorhanden sind, welche keinen wirklichen Ertrag gewähren, z. B. Kirchlehn oder Patronatrecht, und andere dergleichen bloße Ehrenrechte, die daher bei bloßen landschaftlichen

Taxen nicht mit aufgenommen werden, dieselben dennoch bei Subhastationstaxen dem Kapitale der Taxe nach einem landüblichen Satze beizufügen sind.

(§. 16. a. a. O. der A.G.O.)

Ist in der Provinz kein Kreditsystem errichtet, oder ist das zu verkaufende Immobile kein adliches Gut, so muß das subhastirende Gericht die Taxe selbst aufnehmen, oder einen Kommissarius dazu ernennen. 2. eines nichtadlichen Gutes.

(§. 17. a. a. O. der A.G.O.)

Bei Grundstücken aller Art, deren Werth nach Inhalt des Hypothekenbuches, der Erwerbsdokumente oder anderer unverdächtiger Angaben den Betrag von 500 Thalern nicht übersteigt, können der Schulze und die Gerichtsleute des Orts, wo das zu veräußernde Grundstück belegen ist, oder in Ermangelung der Gerichtsleute zwei dazu ausersehene Wirthe dieses oder eines benachbarten Ortes über die Beschaffenheit, den Ertrag und den Werth des von ihnen zu diesem Behufe genau zu besichtigenden Grundstückes eidlich vernommen werden, [13.]) [14.]) welche Vernehmung alsdann die Stelle der Taxe vertritt; bei städtischen Grundstücken sind zu der Abschätzung sachkundige Einwohner des Orts zu wählen;
die Abschätzung ist jedoch durch geprüfte und vereidete Taxatoren zu bewirken, wenn sämmtliche Betheiligte darauf antragen, oder das Gericht keine der vorstehend bezeichneten Personen für geeignet hält;

Anmerk. 13. Wenn Dorfgerichte die im Auftrage und nach der Anweisung des Richters aufgenommene Taxe

1. in amtlicher Form vollzogen überreichen, und
2. gehörig nach §. 73 flgde. Tit. 7. Thl. II. des A.L.R. konstituirt und insbesondere mit einem vereideten Gerichtsschreiber bei Aufnahme der Taxe besetzt gewesen sind,

so bedarf es nicht ihrer gerichtlichen Vernehmung über die Taxe. Rescr. v. 24. Novbr. 1835. (Jahrb. Bd. 46. S. 527.)

Von kleinen bäuerlichen Besitzungen, auf welchen kein Gespann gehalten wird, ist eine Ertragstaxe nicht aufzunehmen, und nur mit gehöriger Rücksicht auf den am Orte oder in der Gegend gewöhnlichen Kaufpreis der Grundstücke von dieser Art und Beschaffenheit ein ungefährer Werth von den Taxatoren nach pflichtmäßigem Ermessen anzugeben. §. 85. der Instrukt. für die Dorfgerichte v. 11. Mai 1854. J.M.Bl. S. 206.

Anmerk. 14. Schulzen und Gerichtsleute können mit Hinweisung auf ihren Diensteid vernommen werden, wenn sie als solche vorschriftsmäßig vereidet sind. Rescr. v. 14. April 1841. J.M.Bl. 1841. S. 152.

die Sachverständigen werden über die Abschätzung zum Protokolle vernommen; sind dieselben als Taxatoren ein- für allemal vereidet, so steht ihnen frei, die Taxe schriftlich einzureichen,[15.]) welche mit der Versicherung der Richtigkeit an Eidesstatt versehen sein muß;
die Taxe muß eine genaue Beschreibung des Grundstücks enthalten (Allg. Gerichts-Ordn. im II. Theil 6. Titel §. 9. Nr. 3. §§. 14 bis 16.), ohne daß es einer ins Einzelne gehenden Veranschlagung bedarf;
eine nach den Vorschriften dieses Gesetzes aufgenommene Taxe ist auch dann gültig, wenn der dadurch ermittelte Werth 500 Thaler übersteigen sollte.

(Gesetz v. 15. Juni 1840. G.S. S. 131.)

Die Gerichte müssen zur Tax-Aufnahme mit möglichster Sorgfalt Leute aussuchen, die außer der von Seiten der Rechtskenntniß und des gerichtlichen Glaubens erforderlichen Tüchtigkeit zugleich gründliche praktische Wirthschaftskenntnisse besitzen. In den Provinzen, wo diese Verrichtung gewissen dazu besonders ausgesuchten und bestellten Subjekten übertragen ist, hat es dabei auch noch ferner sein Bewenden.

(§. 18. a. a. O. der A.G.O.)

Der Kommissarius muß sich bei seiner Operation zur Aufnehmung und Würdigung der vorkommenden Rubriken geübter und sachverständiger Taxatoren bedienen. An Orten, wo dergleichen Leute zu Verrichtungen dieser Art nicht ein- für allemal bestellt und verpflichtet sind, müssen sie von dem Kommissar wegen der dabei anzuwendenden Sorgfalt, Akkuratesse, Treue und möglichster Zuverlässigkeit besonders vereidet werden.

(§. 19. a. a. O. der A.G.O.)

Bei Aufnehmung der Taxe selbst muß der Kommissarius die in jeder Provinz bestehende Taxordnung pflichtmäßig befolgen.

(§. 20. a. a. O. der A.G.O.)

Bei Aufnehmung der Taxe ist jedesmal auch auf das bei dem Gute vorhandene Inventarium, insoweit dasselbe zum Betriebe der Wirthschaft erforderlich, hinreichend oder entbehrlich ist, Rücksicht zu nehmen (A.G.O. Thl. I. Tit. 50. §. 491. Nr. 3.)[16.]).

Anmerk. 15. Auch die Dorfgerichte sind als vereidete Taxatoren zu betrachten, und also befugt, die Taxe schriftlich einzureichen. Dasselbe Rescr.

Anmerk. 16. Nach §. 491. Nr. 3. Tit. 50. Thl. I. der A.G.O. gehört zur Immobiliar-Masse auch das Wirthschafts-Inventarium und Zubehör, soweit es den eingetragenen Gläubigern mit verpfändet ist (A.L.R. Thl. I. Tit. 20. §§. 443. 446.); sind also bei dem Grund-

Behaupten in der Folge die Personalgläubiger, daß bei Aufnehmung der Taxe mehr an Inventarienstücken und Zubehör zum Gute gerechnet worden, als dazu nach gesetzlichen Vorschriften wirklich gehört, so muß ihnen zwar darüber gegen die eingetragenen Gläubiger rechtliches Gehör eröffnet, die Subhastation aber muß dadurch nicht aufgehalten werden, sondern der Erfolg, wenn die Personalgläubiger ihre Behauptung ausführen, ist nur der, daß alsdann ein verhältnißmäßiger Theil des gebotenen Kaufgeldes zur Gemeinmasse gezogen werden muß.

(§. 21. a. a. O. der A.G.O.)

Wer bei der Taxaufnehmung zuzuziehen.

Von der verordneten Aufnehmung der Taxe muß das Gericht dem Besitzer, wenn derselbe noch am Leben und gegenwärtig ist, Nachricht ertheilen. Diesem steht alsdann frei, vor oder in dem Termine selbst dem Kommissar einen Anschlag und ein Verzeichniß der bei dem Gute vorhandenen Realitäten und Zubehörungen und ihrer angeblichen Erträge vorzulegen. Der Kommissarius aber muß sich darauf keineswegs verlassen, sondern die Richtigkeit der Angaben genau und sorgfältig prüfen, auch sich weder durch den Widerspruch und die Protestationen des Besitzers noch durch das Außenbleiben desselben in Vollziehung seines Auftrages irre machen lassen.

(§. 22. a. a. O. der A.G.O.)

Gleichergestalt muß die verordnete Abschätzung den auf das Grundstück eingetragenen Gläubigern bekannt gemacht, und ihnen freigegeben werden, derselben persönlich oder durch Bevollmächtigte, jedoch auf ihre Kosten, beizuwohnen;

(§. 23. a. a. O. der A.G.O.)

die Bekanntmachung des Abschätzungstermines erfolgt nur an die aus dem Hypothekenbuche ersichtlichen Gläubiger und es genügt bei Auswärtigen der Nachweis, daß die Benachrichtigung zur Post gegeben worden; kommt solche wieder zurück, so ist eine weitere Benachrichtigung nicht erforderlich.

(§. 4. der alleg. Verordn.)

Uebrigens müssen bei Bestimmung der Grenzen auch die Nachbarn von dem Kommissar mit zugezogen werden. [17.])

(§. 23. a. a. O. der A.G.O.)

---

stücke Sachen vorhanden, welche im gesetzlichen Sinne die Natur eines Pertinenzstückes nicht haben, oder als Superinventarienstücke angesehen werden müssen, so gehören diese nicht zur Immobiliar-Masse.

Anmerk. 17. Da eine landschaftliche Taxe wegen der verschiedenen dabei nöthigen Vorbereitungen und Verhandlungen nicht in Einem Abschätzungstermine erledigt werden kann, so ist die Landschaft

Sobald die Taxe und das dabei aufgenommene Protokoll, welches der Kommissarius jedesmal beizulegen hat, eingekommen sind, muß auf den Grund derselben die Subhastation selbst sofort verfügt werden.

(§. 25. a. a. O. der A.G.O.)

Monita gegen die Taxe.

Während der Subhastation und bis 4 Wochen vor dem Bietungstermine steht sowohl dem Besitzer als dem Extrahenten, ingleichen den Kauflustigen frei, die bei Aufnehmung der Taxe etwa vorgefallenen Fehler oder Versehen dem Gerichte anzuzeigen. Dieses muß alsdann dergleichen Anzeige in Erwägung ziehen; wenn sie erheblich zu sein scheint, die nähere Untersuchung derselben veranlassen, und den Ausfall dieser Untersuchung, insofern daraus eine Abänderung der Taxe folgt, den im Termine sich meldenden Lizitanten vor Abgebung des Gebotes bekannt machen.

(§. 26. a. a. O. der A.G.O.)

Dergleichen Erinnerungen finden auch gegen eine von der Landschafts- oder Kreditdirektion aufgenommenen Taxe Statt; und können die landschaftlichen Behörden sich nicht entbrechen, solche ihnen mitgetheilte Ausstellungen gehörig zu prüfen, allenfalls dieselben an Ort und Stelle näher untersuchen zu lassen, und den Befund noch vor dem Eintritte des Lizitationstermines dem Gerichte bekannt zu machen.

(§. 27. a. a. O. der A.G.O.)

Erinnerungen gegen die Taxe, welche später als 4 Wochen vor dem Bietungstermine eingehen, werden zwar in diesem Termine den Kauflustigen bekannt gemacht, eine nähere Prüfung derselben ist aber nicht erforderlich.

(§. 5. der alleg. Verordn.)

Kaufskonditionen.

Wenn wegen der Qualität des zu subhastirenden Grundstückes oder wegen gewisser besonderer dabei vorkommender Umstände die Nothwendigkeit es erfordert, gewisse spezielle Bedingungen festzusetzen, und den Lizitanten bekannt zu machen, unter welchen nur auf ein von ihnen abzugebendes Gebot Rücksicht genommen werden könne; so muß der Extrahent der Subhastation dieses

---

außer Stande, den Gerichten behufs der Mittheilung an die Gläubiger einen bestimmten Abschätzungstermin anzuzeigen, vielmehr muß sich dieselbe darauf beschränken, den Zeitraum anzugeben, innerhalb dessen die Abschätzungsarbeiten vorgenommen werden sollen. Sobald dies geschehen, hat das Gericht die Interessenten davon in Kenntniß zu setzen, welchen es demnächst überlassen bleibt, ihre Zuziehung bei der Landschaft zu beantragen. Rescr. v. 11. Mai 1836. (Jahrb. Bd. 49. S. 461.)

dem Gerichte gebührend anzeigen, damit auf selbige nach Beschaffenheit der Umstände in den Subhastations-Patenten Bezug genommen werde. [18.])

(§. 28. a. a. O. der A.G.O.)
(§. 6. Nr. 2. der alleg. Verordn.)

Das Subhastations-Patent soll nur [19.]) enthalten: Subhastations-Patente.
1. die Bezeichnung des zum Verkaufe bestimmten Gegenstandes
2. die Angabe des Taxwerthes und die Anzeige, wo die Taxe, der neueste Hypothekenschein und die besonderen Kaufbedingungen eingesehen werden können,
3. die Zeit und den Ort der Lizitation,
4. in den Fällen der §§. 7. u. 9. der allegirten Verordnung die Vorladung der unbekannten Interessenten

(§. 6. der alleg. Verordn.)

Anmerk. 18. Es ist zwar an sich zweckmäßig, daß die Kaufbedingungen bei Gelegenheit der Aufnahme der Taxe regulirt werden, auch unterliegt es keinem Bedenken, zur Belehrung der Interessenten die wesentlichsten gesetzlichen Bedingungen einer Subhastation darin mit aufzunehmen, das subhastirende Gericht darf sich aber weder willkührliche Abänderungen, noch auch Abweichungen von den gesetzlichen Vorschriften erlauben. Rescr. v. 13. Juni 1840. (J.M.Bl. S. 199.)

Anmerk. 19. Mehr, als hier vorgeschrieben, soll das Subhastations-Patent nicht enthalten; es ist also insbesondere nicht anzugeben Lage und Umfang des Gutes, der Name des Deputirten, das Datum, unter welchem das Subhastations-Patent ergeht. Folgendes Formular erscheint zweckmäßig:

Nothwendiger Verkauf.

Königl. Kreisgericht zu . . . .

Das Rittergut N. im Kreise N. (das Haus Nr. . . auf der N. N. Straße zu . . . . .) abgeschätzt auf . . . . . Thaler zufolge der nebst Hypothekenschein und Bedingungen in der Registratur einzusehenden Taxe soll am . . . . . . Vorm. . . Uhr an ordentlicher Gerichtsstelle subhastirt werden.

Sind unbekannte Realprätendenten vorzuladen, so wird hinzugesetzt:

Alle unbekannte Realprätendenten werden aufgeboten, sich bei Vermeidung der Präklusion spätestens in diesem Termine zu melden.

Kommt es auf Vorladung der dem Aufenthalte nach unbekannten Interessenten an, so wird bemerkt:

Die dem Aufenthalte nach unbekannten Gläubiger N. N. N. werden hierzu vorgeladen.

Rescr. v. 19. März 1835. (Jahrb. Bd. 45. S. 208.)

Auch die Stunde, zu welcher der Lizitationstermin eröffnet werden soll, muß in dem Subhastations-Patent angegeben werden. Rescr. v. 6. Juni 1840. (J.M.Bl. S. 223.)

5. die Bekanntmachung, daß die Gläubiger, welche wegen einer aus dem Hypothekenbuche nicht ersichtlichen Realforderung aus den Kaufgeldern Befriedigung suchen, sich mit ihrem Anspruch bei dem Gerichte zu melden haben.
(§. 384. der Konk. Ordn.)

Wenn das Hypothekenbuch des zum Verkauf gestellten Grundstücks noch nicht regulirt, oder der Besitztitel für den Schuldner noch nicht eingetragen worden, so ist mit der Subhastation jedesmal das Aufgebot der Realprätendenten, deren Ansprüche der Eintragung in das Hypothekenbuch bedürfen, nach Maaßgabe der Prozeß-Ordnung Tit. 51. §§. 99 ff. zu verbinden. [20.])
(§. 7. der alleg. Verordn.)

Anmerk. 20. Der persönliche Gläubiger, welcher die Subhastation der Immobilien nachsucht, die sein Schuldner besitzt, ohne daß der Besitztitel für ihn im Hypothekenbuche berichtigt ist, hat die Pflicht, das Eigenthum desselben so weit nachzuweisen, als erforderlich ist, damit das hier vorgeschriebene Aufgebot der Realprätendenten nach den allegirten §§. 99. u. 100. Tit. 51. der Proz. Ordn. erfolgen kann. Der Erlaß desselben ist aber nach diesen Vorschriften durch einen zur Uebertragung des Eigenthums rechtsgültigen Titel bedingt, dessen Existenz also der Extrahent darthun muß. Kann er dies nicht, oder entstehen gegen die Rechtsgültigkeit des Titels erhebliche Bedenken, so muß sein Subhastationsgesuch zurückgewiesen werden, und ihm überlassen bleiben, die Hindernisse zu beseitigen oder seinen Schuldner zur Berichtigung des Besitztitels anhalten zu lassen. Im andern Falle aber kann der Prozeßrichter die Einleitung der Subhastation in Verbindung mit dem Aufgebot aller Realprätendenten nicht versagen. Rescr. v. 20. Febr. 1835. (Jahrb. Bd. 45. S. 205.)

Es genügt hierzu die Bescheinigung des Eigenthums durch ein Attest der Ortsbehörde oder durch eine öffentliche Urkunde nach der Kab. Ord. v. 9. Mai 1839. G.S. S. 163. Rescr. v. 23. Juli 1840. (J.M.Bl. S. 263.)

Die im Patent aufgebotenen unbekannten Realprätendenten werden durch die Praeclusoria nicht allein mit ihren Ansprüchen auf das Eigenthum des Grundstückes sondern auch mit denen auf die Kaufgelder ausgeschlossen; denn das Aufgebot erfolgt auf Instanz des dermaligen Besitzers des Grundstückes und nicht auf Instanz des künftigen Erstehers. Entscheid. des Ob. Trib. Bd. 23. S. 409.

Ist das Aufgebot der unbekannten Realprätendenten nicht erfolgt, oder nicht so vorschriftsmäßig erfolgt, daß die Präklusion ausgesprochen werden kann, so liegt nicht blos ein formeller Mangel sondern ein rechtsgrundsätzlicher Verstoß vor, und es kann nicht adjudizirt werden. Entscheid. des Ob. Trib. Bd. 28. S. 207.

Die §§. 99. u. 100. Tit. 51. Thl. I. der A.G.O. bestimmen, daß bei noch nicht vollständig regulirtem Hypothekenwesen das Aufgebot der unbekannten und uneingetragenen Realprätendenten zur

Es wird in allen Fällen nur ein Bietungstermin anberaumt, und dieser bei Gegenständen über 5000 Thaler an Werth auf 6 Monate, bei andern auf 3 Monate hinausgerückt. Die Bekanntmachung des Subhastations-Patentes erfolgt durch Aushang an der Gerichtsstelle und durch Einrückung in den öffentlichen Anzeiger des Regierungs-Amtsblattes, und bei Gegenständen über 5000 Thaler an Werth auch noch in eine inländische Zeitung. Die Einrückung geschieht von Monat zu Monat. Subhastationsfristen und Bekanntmachung.

(§. 8. der alleg. Verordn.)

(§. 3. des Ges. v. 21. Dezember 1849. G.S. S. 441.)

Bei Grundstücken bis zum Taxwerthe von 50 Thalern einschließlich soll das Subhastations-Patent nur durch Aushang an der Gerichtsstelle und an der sonst zu öffentlichen Bekanntmachungen bestimmten Stelle in der Ortsgemeinde, in welcher das Grundstück liegt, zur öffentlichen Kenntniß gebracht werden.

Bei Grundstücken im Taxwerth über 50 bis 500 Thaler einschließlich genügt außer dem vorstehend verordneten Aushange die einmalige Einrückung des Subhastations-Patentes in den Anzeiger des Regierungs-Amtsblattes.

Sollte in den vorstehenden Fällen eine größere Publizität von dem Gerichte für angemessen erachtet werden, so ist die Bekanntmachung des anberaumten Bietungstermines, wo es herkömmlich ist, durch öffentlichen Ausruf, und wenn ein Haus verkauft werden soll, durch Anschlag an demselben zu veranlassen. Auch bleibt es in allen Fällen den Betheiligten unbenommen, auf ihre Kosten noch jede andere Art der Bekanntmachung in Antrag zu bringen. [21.])

Als wesentliche Förmlichkeiten, deren Verletzung den Widerruf des öffentlichen Verkaufs begründet (§. 348. Nr. 2. u. 5 u. ff. Tit. 11. Thl. I. des allgem. Landrechts) sind nur anzusehen: in dem ersten Falle der dort erwähnte Aushang, wobei es jedoch lediglich auf den Bericht des Gerichtsboten über die erfolgte Anheftung ankommt, und in dem zweiten Falle außer jenem Aushange die Einrückung in den Anzeiger des Regierungs-Amtsblattes.

Sicherung des Käufers eines Grundstückes gegen deren Ansprüche erforderlich ist; insbesondere lautet §. 100:

> Das Aufgebot von Grundstücken zur Erhaltung einer Präklusion gegen unbekannte Realprätendenten kann in Fällen, da es nöthig ist, nur von dem Käufer, oder wer sonst aus einem besonderen Titel zum Besitze des Grundstückes gelangt ist (Successor singularis) nachgesucht werden.

Anmerk. 21. Die Bekanntmachung durch Anheften des Subhastations-Patentes an den Kirchthüren ist jedoch untersagt. Rescr. v. 29. Dezbr. 1846. (J.M.Bl. 1847. S. 10.)

Die Unterlassung jeder anderen Art der Bekanntmachung unterliegt nur einer Disziplinar-Rüge [22].).

Die vorstehend vorgeschriebenen Förmlichkeiten der Bekanntmachung genügen auch für den Fall, wenn mit der Subhastation ein Aufgebot unbekannter Realprätendenten (§. 7. der alleg. Verordn.) verbunden wird.

(Verordn. v. 2. Dezember 1837. G.S. S. 219.)
(§. 3. des Ges. v. 21. Dezember 1849. G.S. S. 441.)

Bei Ausmessung der Termine muß besonders auf den Bietungstermin Rücksicht genommen, und die Sache so gefaßt werden, daß die volle Subhastationsfrist von dem Tage, wo die Bekanntmachung in den öffentlichen Blättern zuerst geschehen ist, frei bleibe.
(§. 31. a. a. O. der A.G.O.)

Wenn ein affigirt gewesenes Subhastations-Patent vor Ablauf des vorgeschriebenen Zeitraumes, es sei nun 14 Tage vorher oder früher, abgenommen oder abgerissen und verloren gegangen ist, so kann dies nicht für einen solchen wesentlichen Mangel der Förmlichkeiten angesehen werden, welcher die Abfassung des Adjudikationsbescheides verhindert.

Eben dieser Grundsatz tritt auch für den Fall ein, wenn die Einrückung des Subhastations-Patentes in die öffentlichen Blätter statt 6 mal nur 3 mal bewirkt ist.
(§. 400. des Anh. zur A.G.O.)

Verfahren im Lizitations-Termine.

Wenn der Bietungstermin eintritt, so muß das Gericht zur Abwartung desselben einen Deputirten aus seiner Mitte ernennen;
(§. 33. a. a O. der A.G.O.)

der Zuziehung einer zweiten vereideten Gerichtsperson zur Führung des Protokolles bedarf es zur Gültigkeit der Verhandlung nicht.
(§. 2. des Anh. zur A.G.O.)

Der Lizitationsakt muß jedesmal öffentlich und an ordentlicher Gerichtsstelle vor sich gehen. [23].)
(§. 34. a. a. O. der A.G.O.)

Zur Wahrnehmung ihrer Gerechtsame bei der bevorstehenden Veräußerung sind der Extrahent der Subhastation, der Schuldner

---

Anmerk. 22. Hierdurch sind die Bestimmungen Nr. 2. u. Nr. 5. des §. 348. Tit. 11. Thl. I. des A.L.R. abgeändert worden.

Anmerk. 23. An Ort und Stelle darf der Bietungstermin nur abgehalten werden, wenn alle Interessenten (§. 9. der alleg. Verordn.) übereinstimmend und ausdrücklich vorher darauf angetragen haben. Rescr. v. 19. Juli 1834. (Jahrb. Bd. 44. S. 94.)

und die aus dem Hypothekenbuche ersichtlichen Realinteressenten[24.]) und Vorkaufsberechtigten, jeder besonders durch Uebersendung einer Abschrift des Subhastations-Patentes von dem anberaumten Bietungstermine in Kenntniß zu setzen. Eben dieses findet in Konkursen Statt. Die Uebersendung erfolgt ohne Begleitschreiben. Bei Auswärtigen finden die Vorschriften des §. 4. der allegirten

---

Anmerk. 24. Es ist Pflicht des Richters, die ihm zur Zeit der Veranlassung des Subhastations-Patentes dem Aufenthalte und der Person nach bekannten Real-Interessenten, jeden besonders durch Uebersendung einer Abschrift des Subhastations-Patentes, von dem Bietungstermine in Kenntniß zu setzen. Ueber die Person dient ihm jederzeit das Hypothekenbuch zur Richtschnur, und nur wenn es zu seiner amtlichen Kenntniß z. B. durch Produktion eines Cessions-Dokumentes gelangt ist, daß das Recht inzwischen auf eine andere Person übertragen ist, muß er außer jener auch diese benachrichtigen. Ueber den Aufenthalt ist er nie verpflichtet, Erkundigungen einzuziehen: er betrachtet denselben als unbekannt, wenn er den Aufenthaltsort aus dem Hypothekenschein oder den Akten nicht ersieht, oder sonst nicht zuverlässig weiß. Rescr. v. 3. Febr. 1835. (Jahrb. Bd. 45. S. 212.)

Ist der Fiskus Interessent, so erhält er ebenfalls nur Abschrift des Subhastations-Patentes, die Adresse muß aber die betreffende fiskalische Station näher bezeichnen. Rescr. v. 22. Juli 1840. (J.M.Bl. S. 254.)

Erhält ein Vormundschaftsgericht wegen eines auf dem subhastagestellten Grundstücke eingetragenen General-Deposital-Kapitals Abschrift des Subhastations-Patentes, so hat dasselbe

1. jede weitere Transferirung dieses Aktivums zu unterlassen,
2. den an dem Aktivum Antheil habenden Interessenten einen Spezialkurator aus der Zahl der Rechtsanwälte zu bestellen,
3. diese Interessenten zusammenzuberufen, damit sie über die zu ergreifenden Maaßregeln einen Beschluß fassen, und eventuell dem Spezialkurator die geeignete Vollmacht ausstellen,
4. das betreffende Hypotheken-Instrument dem Spezialkurator zum Gebrauch bei der Subhastation zuzustellen. Rescr. v. 24. Novbr. 1834. (Jahrb. Bd. 44. S. 415.)

Das Subhastations-Patent muß dem Vormunde oder Kurator persönlich zugesandt werden; die bloße Benachrichtigung des Vormundschaftsgerichtes von dem anberaumten Bietungstermine genügt nicht. Entscheid. des Ob. Trib. Bd. 12. S. 510.

Ist einem Subhastations-Interessenten der Bietungstermin nicht bekannt gemacht worden, so kann dieses Versehen nur durch eine ausdrückliche Genehmigung desselben über die aufgenommene Lizitationsverhandlung geheilt werden. Eine Warnung dahin, daß der Subhastations-Interessent bei seinem Ausbleiben in dem zu seiner Erklärung angesetzten Termine für einwilligend werde erachtet werden, ist unwirksam. Entscheid. des Ob. Trib. Bd. 11. S. 486.

Verordnung Anwendung. Ist der Aufenthalt einer der vorgenannten Personen schon bei Veranlassung des Subhastations-Patentes unbekannt, so ist dieselbe in dem Patente mit vorzuladen. (§. 9. der alleg. Verordn.)

Den Kassen und Anstalten, welchen das Grundstück zu den §§. 47. bis 49. der Konkurs-Ordnung bezeichneten Abgaben und Leistungen verpflichtet ist, wird eine Abschrift des Subhastations-Patentes zugestellt; jedoch ist die Wirksamkeit der in demselben enthaltenen Bekanntmachung von dieser besonderen Zustellung nicht abhängig. 25.)

(§. 384. der Konk. Ordn.)

Anmerk. 25. Die §§. 47—49. der Konk. Ordn. lauten:

I. Rückstände der zur Erfüllung der Deichpflicht erforderlichen Beiträge und Leistungen aus den beiden letzten Jahren.

Es macht hierbei keinen Unterschied, ob die Beiträge und Leistungen von der Regierung ausgeschrieben sind, oder aus der auf einem Deichverbande beruhenden Deichpflicht entspringen (§§. 9. u. 18. des Ges. über das Deichwesen v. 28. Januar 1848. G.S. S. 54.)

II. Rückstände direkter, auf dem Grundstücke lastender Abgaben, welche zu den Staatskassen fließen, aus den beiden letzten Jahren.

Hierher gehören auch die an die Rentenbank und beziehungsweise an die Tilgungskassen abgetretenen Renten sowie gleichmäßig die an den Domainenfiskus zu entrichtenden Ablösungsrenten (§§. 7. 18. 58. 64. des Ges. v. 2. März 1850. G.S. S. 112.)

III. Rückstände aus den beiden letzten Jahren von den auf dem Grundstücke haftenden gemeinen Lasten.

Hierher gehören namentlich alle nach Gesetz oder Verfassung auf dem Grundstücke haftende Abgaben und Leistungen, welche aus dem Kommunal-, Kreis- und Provinzial-Verbande oder aus dem Kirchen-, Pfarr- und Schulverbande entspringen, oder an Kirchen, Pfarren und Schulen, oder an Kirchen- und Schulbediente zu entrichten sind; oder welche aus der Verpflichtung zu öffentlichen Wege-, Wasser- oder Uferbauten entstehen; oder welche an Meliorationsgenossenschaften oder andere gemeinnützige, unter der Autorität des preußischen Staates bestehende Institute, namentlich an Vereine behufs gemeinschaftlicher Uebertragung der durch Brand, Hagelschlag oder Viehsterbe entstandenen Schäden zu gewähren sind.

Unter den hier genannten gemeinen Lasten sind nur die im §. 48. Tit. 1. der Hypotheken-Ordnung vom 20. Dezember 1783. bezeichneten zu verstehen (welche nicht eingetragen zu werden brauchen, weil sie nicht auf speziellem Rechtstitel beruhen). Art. X. des Einführ. Ges. zur Konk. Ordn. v. 8. Mai 1855.

Ueber die geschehene Vorladung muß ein Behändigungsschein zu den Akten gebracht werden. [26.])

(§. 401. des Anh. zur A.G.O.)

Zur Abgebung der Gebote und zum Lizitiren selbst ist der ganze zum Bietungstermine angesetzte Tag bestimmt, so daß die Lizitation an diesem Tage allenfalls des Nachmittags, wenn sie entweder am Vormittage nicht hat abgeschlossen werden können, oder sich alsdann erst neue Lizitanten melden, mit Zuziehung der §. 9. der alleg. Verordn. benannten Personen und der bis dahin noch nicht abgestandenen Lizitanten so lange fortgesetzt werden muß, bis nur Ein Meistbietender verbleibt und die übrigen abstehen.

(§. 37. a. a. O. der A.G.O.)

Neue Bieter werden nach 6 Uhr Abends überhaupt nicht mehr zugelassen. [27.])

Auch schließt der Deputirte mit dieser Stunde den Termin, wenn nach geschehenem Aufruf kein Mehrgebot erfolgt. [28.])

(§. 10. der alleg. Verordn.)

Der Meistbietende erlangt inzwischen hierdurch kein vollkommenes Recht auf den Zuschlag, sondern es hängt noch immer nach den unten folgenden näheren Bestimmungen von den Gläu-

---

Anmerk. 26. In jeder Subhastationssache müssen nach dem Eingange sämmtlicher Insinuations-Dokumente die Akten dem Dezernenten zu deren nochmaliger Prüfung vorgelegt werden; auch der Deputirte muß einige Tage vor der Abhaltung des Subhastationstermins sorgfältig erwägen, ob die Förmlichkeiten des Verfahrens gehörig beobachtet und insbesondere, ob sämmtliche Interessenten von dem Termine vorschriftsmäßig in Kenntniß gesetzt sind, und erforderlichen Falles die Nachholung des Versäumten in Antrag bringen. Rescr. v. 14. Juni 1841. (J.M.Bl. S. 202.)

Anmerk. 27. Dadurch ist die Bestimmung der Kab. Ord. vom 5. Mai 1832. (G.S. S. 143.), daß nach Ablauf des Termins ein neues Gebot mit Einwilligung sämmtlicher Interessenten, den Meistbietenden eingeschlossen, zugelassen werden kann, aufgehoben worden.

Anmerk. 28. Nach 6 Uhr Abends darf kein neuer Bieter mehr zugelassen werden, und es muß die Lizitation der früheren, bis dahin noch nicht abgestandenen Lizitanten so lange fortgesetzt werden, bis nur Ein Meistbietender verbleibt, und die übrigen abstehen. Rescr. v. 31. März 1833. (Jahrb. Bd. 41. S. 231.)

Der Bietungstermin darf unter keinem Vorwande abgebrochen werden. Der Aufruf muß nach 6 Uhr Abends so oft wiederholt werden, als Uebergebote erfolgt sind, und wenn kein Uebergebot mehr erfolgt, so sind die übrigen Lizitanten für abstehend zu erachten, wenn sie dies auch nicht ausdrücklich erklären. Rescr. v. 2. Mai 1834. (Jahrb. Bd. 43. S. 494.)

bigern ab, entweder in den Zuschlag zu willigen, oder auf Verlängerung der Subhastation anzutragen.

(§. 38. a. a. O. der A.G.O.)

Die Lizitationshandlung wird damit eröffnet, daß, nachdem das Gericht die Bescheinigungen wegen richtig geschehener Bekanntmachung des Termins in den öffentlichen Blättern zu den Akten beschafft hat, die Kauflustigen durch öffentlichen Ausruf vor dem Gerichtszimmer zur Lizitation aufgefordert werden, wobei denselben zugleich die nach §. 28. a. a. O. der A.G.O. etwa vorauszusetzenden Bedingungen nochmals erinnerlich gemacht, und die etwa vorgefallenen Abänderungen bei der Taxe von dem Deputirten des Gerichts eröffnet werden müssen.

(§. 39. a. a. O. der A.G.O.)
(§. 46. Tit. 7. Thl. I. der A.G.O.)

Personen, deren Zahlungsfähigkeit einer der Subhastations-Interessenten (§. 9. der alleg. Verordn.) nicht für genügend erachtet, werden nur dann zum Mitbieten zugelassen, wenn sie sofort eine Kaution zum Betrage des zehnten Theiles der Taxe baar oder in inländischen öffentlichen Papieren nach dem Kurswerthe niederlegen.

Gläubiger, deren Forderungen innerhalb des Taxwerthes auf dem Immobile eingetragen stehen, können die Kaution mit diesen Forderungen bestellen, und müssen sodann die darüber sprechenden Urkunden niederlegen. [29.])

(§. 11. der alleg. Verordn.)

Anmerk. 29. Diese Urkunden müssen im Termine selbst dem Gerichte übergeben werden, ein Nachbringen derselben nach dem Schlusse des Bietungstermines ist unstatthaft. Plenarbeschluß des Ober-Trib. v. 9. Mai 1842. (J.M.Bl. S. 263.)

Wird während des Bietens Kautionsbestellung verlangt, so sind die vorher abgegebenen Gebote auch ohne Kautionsbestellung für sämmtliche Interessenten rechtsverbindlich. Entscheid. des Ob. Trib. Bd. 12. S. 514.

Die Befugniß, im Bietungstermine von Kauflustigen, deren Zahlungsfähigkeit nicht für genügend erachtet wird, Kautionsbestellung zu verlangen, bevor sie zum Mitbieten zugelassen werden, steht nur den Subhastations-Interessenten zu. Der Richter ist nicht befugt, von Amtswegen einen Kauflustigen, welcher keine Kaution bestellt, vom Mitbieten auszuschließen. Entscheid. des Ob. Trib. Bd. 28. S. 212.

Bei der Berechnung, ob die Forderung innerhalb des Taxwerthes steht, sind nur die präintabulirten Forderungen ohne Berücksichtigung der Zinsenrückstände zu rechnen. Die Zulänglichkeit der angebotenen Kaution muß der Bieter im Subhastationstermine selbst überzeugend darthun. Entscheid. des Ob. Trib. Bd. 28. S. 220.

Sodann werden die sich meldenden Lizitanten mit ihren Geboten nach und nach zum Protokolle vernommen, wobei der Gerichtsdeputirte darauf sehen muß:

1. daß sie ihr Gebot in Ansehung des Quanti der Münzsorte bestimmt abgeben;
2. daß sich sich auf die vorausgesetzten Bedingungen bestimmt erklären;
3. daß sie ihre eigenen Bedingungen, hauptsächlich wegen der Art wie und der Termine, in welchen die Zahlung geleistet werden soll, deutlich und bestimmt anzeigen.

(§. 40. a. a. O. der A.G.O.)

Uebrigens versteht es sich von selbst, daß ein Lizitant blos um deswillen, weil die Subhastation von ihm mit ausgebracht worden ist, vom Mitbieten nicht ausgeschlossen werden könne.

(§. 45. a. a. O. der A.G.O.)

Vernehmung der Interessenten über das Meistgebot.

Wenn solchergestalt sämmtliche Kauflustige gehört worden sind, und durch fortgesetztes Lizitiren unter ihnen ausgemittelt ist, welcher von ihnen der Meistbietende bleibe, so müssen alsdann nur die im Bietungstermine erschienenen Interessenten der Subhastation (§. 9. der alleg. Verordn.) vernommen werden, ob sie in den Zuschlag willigen, oder ob und was sie dabei noch zu erinnern haben. [30.])

(§. 41. a. a. O. der A.G.O.)
(§. 12. der alleg. Verordn.)

Sind die Interessenten über die Annehmlichkeit des Gebotes einig, so müssen die Akten sofort zur Abfassung des Adjudikationsbescheides vorgelegt werden. Der Meistbietende muß jedoch zuvörderst seine Fähigkeit zum Besitze des Grundstücks, wenn sie nicht notorisch ist, gehörig ausweisen, oder wenigstens vorläufig bescheinigen;

(§. 42. a. a. O. der A.G.O.)

bei städtischen Grundstücken ist es nicht nöthig, daß der Meistbietende vor dem Zuschlage das Bürgerrecht gewinne, vielmehr genügt es, wenn er ein Attest des Magistrats darüber beibringt, daß der Ertheilung des Bürgerrechts an ihn im Falle des Zuschlages nichts entgegensteht.

(§. 405. des Anh. zur A.G.O.)

Die Interessenten der Subhastation müssen, wenn sie dem

Anmerk. 30. Der Extrahent einer nothwendigen Subhastation kann den Antrag auf Subhastation einseitig nicht zurücknehmen, wenn er im Bietungstermin nicht erschienen ist, oder den Zuschlag bewilligt hat. Entscheid. des Ob. Trib. Bd. 2. S. 92.

Zuschlage widersprechen wollen, dies noch im Bietungstermine selbst thun. Auf Vorbehalte oder unbestimmte Erklärungen wird keine Rücksicht genommen; ebenso wenig auf Erklärungen, welche erst alsdann eingehen, wenn der Bietungstermin nach 6 Uhr Abends geschlossen ist.

Die Vorschrift, daß in dem Falle, wenn das den Konkurs leitende Gericht von demjenigen, welches die Subhastation verfügt hat, verschieden ist, mit dem ersteren über die Bewilligung des Zuschlages Rücksprache genommen werden soll, und die Bestimmung des §. 659. Tit. 50. Thl. I. der A.G.O. werden aufgehoben.[31] Der Konkurs-Kurator ist verpflichtet, die Gerechtsame der Konkursmasse im Bietungstermine wahrzunehmen, und zu diesem Zwecke die erforderliche Rücksprache mit den Konkursgläubigern vorher zu halten.

(§. 12. der alleg. Verordn.)

Können sich die bei der Lizitation gegenwärtigen Interessenten der Subhastation nicht vereinigen, so ist der Widerspruch einiger unter ihnen entweder gegen die Person oder gegen das Quantum des Gebotes oder gegen die von dem Meistbietenden vorgeschlagenen Zahlungs- oder anderweitigen Bedingungen gerichtet.

(§. 43. a. a. O. der A.G.O.)

Widerspruch gegen die Person des Meistbietenden.

Bedenklichkeiten gegen die Person und Besitzfähigkeit des Lizitanten müssen nach Vorschrift §. 42. a. a. O. der A.G.O. sofort erledigt werden.

(§. 44. a. a. O. der A.G.O.)

Widerspruch gegen das Quantum des Gebotes.

Betrifft der Widerspruch das Quantum des Gebotes, und ist das subhastirte Grundstück ein adliches Gut, so muß der Zuschlag geschehen, sobald das Gebot $^2/_3$ der Taxe oder mehr beträgt.

(§. 46. a. a. O. der A.G.O.)

Hiervon sind allein die Fälle ausgenommen:

1. wenn alle eingetragenen Gläubiger dagegen sind, und einmüthig die weitere Subhastation verlangen;

   (§. 47. a. a. O. der A.G.O.)

2. wenn in den Fällen, in welchen dem Zuschlage kein gesetzliches Hinderniß[32] entgegensteht, der Widersprechende zu-

---

Anmerk. 31. Nach §. 659. Tit. 50. Thl. I. der A.G.O. mußte der Subhastationsrichter dem Konkursrichter das Lizitations-Protokoll zur Vernehmung des Kurators und der Gläubiger über dessen Inhalt einsenden, und bei Abfassung des Adjudikationsbescheides auf deren ihm mitgetheilten Beschluß die erforderliche Rücksicht nehmen.

Anmerk. 32. Unter den gesetzlichen Hindernissen sind solche zu ver-

gleich auf Ansetzung eines neuen Bietungstermines anträgt, für das Gebot sowie für allen aus der Verzögerung des Zuschlages entstehenden Nachtheil und für die Kosten zu haften sich verpflichtet, und den zehnten Theil des letzten Gebotes baar oder in inländischen öffentlichen Papieren nach dem Kurswerthe als Kaution sofort niederlegt;
Gläubiger, deren Forderungen innerhalb der Höhe des letzten Gebotes auf dem Immobile eingetragen stehen, können die Kaution mit diesen Forderungen wie im §. 11. der alleg. Verordn. bestellen; [33.])

(§. 13. der alleg. Verordn.)

wenn es der Fiskus ist, welcher dem Zuschlage widerspricht, so bedarf es zwar von dessen Seite keiner besonderen Kautionsbestellung, der fiskalische Bediente muß aber die ausdrückliche Erklärung der vorgesetzten Behörde, für den Ausfall haften zu wollen, beibringen;

(§. 53. a. a. O. der A.G.O.)

3. wenn ein Kreditsystem bei der Sache interessirt, und durch das geschehene Gebot mit seinen Forderungen nicht gedeckt sein würde, in welchem Falle demselben freisteht, auf Verlängerung der Subhastation anzutragen; doch kann durch einen solchen Antrag der Zuschlag des Gutes gegen den Willen der übrigen Interessenten niemals über 3 Jahre, vom Tage der veranlaßten ersten Subhastation an gerechnet, aufgehalten worden.

(§. 47. a. a. O. der A.G.O.)

Ist auf das subhastirte adliche Gut weniger als $^2/_3$ der Taxe geboten, so findet der Zuschlag nicht Statt, wenn nicht alle In-

---

stehen, welche unmittelbar aus dem Gesetze folgen und auf diesem beruhen. Dahin gehört die nicht aufgehobene Vorschrift des §. 48. a. a. O. der A.G.O. Entscheid. des Ob. Trib. Bd. 21. S. 112.

Die Verabredung, durch welche sich Jemand bei einer gerichtlichen oder andern öffentlichen Subhastation von einem Andern gegen ein Abstandsgeld versprechen läßt, ihn nicht überbieten zu wollen, giebt dem Eigenthümer der Sache oder dessen Gläubigern, zu deren Befriedigung der Verkauf veranlaßt worden ist, nicht das Recht, die Fortsetzung des Lizitationsverfahrens zu verlangen. Entscheid. des Ob. Trib. Bd. 7. S. 114.

Anmerk. 33. Wenn sämmtliche im Bietungstermine erschienene Subhastations-Interessenten einstimmig dem vom Meistbietenden verlangten Zuschlage widersprechen, und auf die Ansetzung eines neuen Bietungstermines antragen, so muß die letztere erfolgen, ohne daß die Bestellung einer Kaution erforderlich wäre. Entscheid. des Ob. Trib. Bd. 6. S. 269.

teressenten darein willigen. Unter diesen Interessenten sind nicht nur alle in Person oder durch Bevollmächtigte gegenwärtige eingetragene und uneingetragene Gläubiger sondern auch der Schuldner, insofern er am Leben und gegenwärtig ist, oder dessen Erben, insofern dieselben bekannt und bei der Lizitation erschienen sind, oder auch der dem Nachlasse bestellte Kurator zu verstehen.[34.])

(§. 48. a. a. O. der A.G.O.)

Zu den hier gedachten adlichen Gütern gehören auch diejenigen Güter, welchen die Eigenschaft eines landtagsfähigen Rittergutes nur auf so lange verliehen worden ist, als das Gut sich im Besitze des Eigenthümers, zu dessen Gunsten die Verleihung erfolgt ist, und seiner ehelichen Nachkommen befindet, und der Bestand desselben keine Verminderung erleidet, und zwar auch, nachdem die Landtagsfähigkeit derselben in Folge der erwähnten Beschränkung erloschen ist, noch so lange als sie im landschaftlichen Kreditverbande sich befinden.

(Kab. Ord. vom 7. Juli 1845. G.S. S. 515.)

Ist das subhastirte Grundstück kein adliches Gut, so muß der Regel nach die Adjudikation an den Meistbietenden schlechterdings geschehen, wenn auch das Gebot desselben unter $^2/_3$ der Taxe beträgt.

(§. 50. a. a. O. der A.G.O.)

Hiervon kann nur alsdann eine Ausnahme Statt finden, und mit der weiteren Subhastation verfahren werden:

1. wenn sämmtliche eingetragene Gläubiger deshalb einig sind, da es alsdann auf den Widerspruch der Personalgläubiger oder des Schuldners selbst weiter nicht ankommt;

   (§. 51. a. a. O. der A.G.O.)

2. wie bei Nr. 2. oben.

   (§. 13. der alleg. Verordn.)

Uebrigens kann der Zuschlag eines adlichen Gutes, für welches $^2/_3$ oder mehr geboten worden, sowie der eines nichtadlichen für das Meistgebot überhaupt durch den Widerspruch eines oder etlicher Interessenten und die von ihnen geleistete Kaution nur Einmal aufgehalten werden. In dem verlängerten Subhastationstermine muß der Zuschlag schlechterdings geschehen; und wenn ein nachstehender Gläubiger oder auch der Schuldner demselben widerspricht, vorstehende Gläubiger hingegen, welche aus dem Gebote befriedigt werden können, darein willigen, so kann auf den

---

Anmerk. 34. Die Vorschrift des §. 48. a. a. O. der A.G.O. ist noch gültig. Entscheid. des Obertribunals (J.M.Bl. 1851. S. 343.)

Widerspruch des Ersteren nur alsdann Rücksicht genommen werden, wenn sie den Letzteren die bereite Zahlung desjenigen, was sie durch das Gebot erhalten würden, sofort anzuweisen im Stande sind.

(§. 54. a. a. O. der A.G.O.)

Erfolgt eine Fortsetzung der Subhastation,[35.]) so wird der neue Bietungstermin, wenn die im ersten Termine erschienenen Interessenten[36.]) sich nicht anders vereinigen, bei den Gegenständen über 5000 Thalern an Werth auf 2 Monate, bei andern auf 1 Monat hinausgerückt, und durch Aushang an der Gerichtsstelle, sowie bei jenen durch 2malige von Monat zu Monat zu bewirkende, bei diesen durch einmalige Einrückung in die §. 8. der allegirten Verordnung bezeichneten Blätter zur öffentlichen Kenntniß gebracht.

Diejenigen Interessenten, welche nach §. 9. der alleg. Verordn. und §. 384. der Konk. O. von dem ersten Bietungstermine benachrichtigt werden mußten, werden, soweit sie in diesem erschienen sind, auch von dem neuen, ein jeder besonders durch Zusendung einer Abschrift des Proklama in Kenntniß gesetzt.

Eine gleiche Benachrichtigung erfolgt an den Meistbietendgebliebenen. Dieser wird durch die Ansetzung des neuen Termines von der Verbindlichkeit für das von ihm abgegebene Gebot frei, insofern er sich nicht ausdrücklich verpflichtet haben sollte, dafür auch ferner haften zu wollen.

(§. 14. der alleg. Verordn.)

Widerspruch gegen die vom Käufer gemachten Bedingungen.

Wenn nach Maaßgabe §. 43. a. a. O. der A.G.O. die der Adjudikation widersprechenden Interessenten ihren Widerspruch gegen die von dem Käufer gemachten Bedingungen richten, und darüber durch gerichtliche Vermittelung nicht zum Einverständnisse gebracht werden können, so muß die Mehrheit der Stimmen der bei der Sache interessirenden Realgläubiger, welche nach den

---

Anmerk. 35. Es ist gleichviel, aus welchem Grunde die Fortsetzung der Subhastation erfolgt, und die Vorschrift des §. 14. der alleg. Verordn. nicht auf den Fall des §. 13. derselben zu beschränken. Rescr. v. 14. März 1837. (Jahrb. Bd. 49. S. 217.)

Wenn der zurückgenommene Antrag auf Subhastation innerhalb Jahresfrist wiederholt wird, so ist das weitere Verfahren keine neue Subhastation, sondern eine Fortsetzung der früheren, und nach §. 14. der alleg. Verordn. ein neuer Bietungstermin anzusetzen. Rescr. v. 5. April 1839. (J.M.Bl. S. 130.)

Anmerk. 36. — Es kann also §. 14. der alleg. Verordn. nur Anwendung finden, wenn das frühere Verfahren so weit gediehen war, daß ein Bietungstermin abgehalten worden ist. Entscheid. des Ober-Trib. Bd. 28. S. 419. (J.M.Bl. 1851. S. 168.)

Summen ihrer aus dem Hypothekenschein erhellenden, oder in dem Klassifikationsurtel festgesetzten Kapitalsforderungen berechnet wird, entscheiden. Doch soll kein Realgläubiger durch den Konsens der übrigen zum Beitritt gezwungen werden können, wenn

1. der Lizitant nicht in Pausch und Bogen kaufen will, sondern sich Vertretung der Taxe vorbehält, oder
2. wenn er nicht wenigstens ⅓ des Gebotes entweder baar oder in Pfandbriefen oder in unstreitigen vollkommen sicheren Aktivinstrumenten vor oder bei der Naturalübergabe zu erlegen sich anheischig macht.

(§. 57. a. a. O. der A.G.O.)

Adjudikationsurtel. Wenn nun die Interessenten über die Adjudikation einig sind, oder der Zuschlag nach vorstehenden Grundsätzen des Widerspruchs einiger unter ihnen ungeachtet erfolgen muß, so müssen die Akten zur Abfassung des Urtels ungesäumt vorgelegt werden.[37.])

(§. 58. a. a. O. der A.G.O.)

In dem Adjudikationsurtel müssen nicht nur das Gebot, gegen welches der Zuschlag geschieht, sondern auch die übrigen Bedingungen, insonderheit wegen Bezahlung der Kaufgelder, ausgedrückt werden.

(§. 59. a. a. O. der A.G.O.)

Wenn mit der Subhastation nach §. 7. der alleg. Verordn. ein Aufgebot der Realprätendenten verbunden worden, so ist in dem Adjudikationsbescheide zugleich die Präklusion der sich nicht Meldenden auszusprechen.

Gegen diese Präklusion findet jedoch das im §. 106. Tit. 51. der Prozeß-Ordnung zugelassene Rechtsmittel statt.[38.]) [39.])

(§. 15. der alleg. Verordn.)

Anmerk. 37. — Wenn der Extrahent nach Abhaltung des Bietungstermines den Antrag auf Subhastation zurücknimmt, der Meistbietende aber der Aufhebung des Verfahrens widerspricht, so ist darüber auf Erkenntniß zu entscheiden. Rescr. v. 7. Novbr. 1834. (Jahrb. Bd. 44. S. 376.) Bericht v. 9. März 1838. (Jahrb. Bd. 51. S. 389.)

das Subhastationsverfahren selbst kann nur mit Einwilligung sämmtlicher Interessenten aufgehoben werden. Rescr. v. 3. Febr. 1835. (Jahrb. Bd. 45. S. 210.)

Anmerk. 38. Der §. 106. Tit. 51. der Proz.-Ordn. lautet:

Gegen dergleichen Präklusionserkenntnisse findet kein weiteres als das Tit. 14. Abschn. 3. beschriebene Rechtsmittel (Restitutionsgesuch gegen einen Kontumazialbescheid) statt. Doch bleibt den solchergestalt präkludirten Gläubigern ihr persönliches Recht an ihren eigentlichen Schuldner und dessen übriges beweg- und unbewegliches Vermögen vorbehalten.

Anmerk. 39. Der Adjudikationsbescheid ist zu publiziren:

Gegen ein solches Urtel soll keine Appellation oder anderes (ordentliches) Rechtsmittel, am allerwenigsten aber die Wiedereinlösung von Seiten des vorigen Besitzers, zulässig sein. Rechtsmittel.

(§. 60. a. a. O. der A.G.O.)

I. jedenfalls
 1) dem Extrahenten der Subhastation und den Adhärenten,
 2) dem Schuldner und Eigenthümer des subhastirten Grundstückes,
 3) dem Adjudikatar,
 4) denjenigen Realgläubigern, welche einen Ausfall erleiden, oder doch möglicherweise erleiden können;

II. den übrigen Realkreditoren nur insofern, als sie im Bietungstermine erschienen sind, oder sie eine Ausfertigung ausdrücklich erbitten. Rescr. v. 2. Mai 1834. (Jahrb. Bd. 43. S. 501.)

III. den präkludirten Realprätendenten.

Die Publikation erfolgt:

1. an den Adjudikatar in dem sofort nach Abfassung des Adjudikationsbescheides anzusetzenden resp. im Bietungstermine mit dem Meistbietendgebliebenen zu verabredenden Publikations-Termine. Rescr. v. 13. Juli 1838. (Jahrb. Bd. 52. S. 177.)
2. an die übrigen Interessenten zu I. und II. durch Zusendung von Ausfertigungen des Zuschlagsbescheides (§. 1. der Verordn. v. 5. Mai 1838. G.S. S. 273.)
3. an die präkludirten Realprätendenten durch 14tägigen öffentlichen Aushang einer Ausfertigung des Zuschlagsbescheides an der Gerichtsstelle (§. 3. lit. c. derselb. Verordn.)

Ausfertigung des Adjudikations-Erkenntnisses muß nicht blos dem Adjudikatar, sondern allen den Interessenten resp. deren Mandatarien zugestellt werden, welchen das Rechtsmittel der Nichtigkeitsbeschwerde zusteht. Im Allgemeinen gehören dazu die Schuldner und Eigenthümer des subhastirten Grundstücks, die im Hypothekenbuche eingetragenen Gläubiger und die Extrahenten oder Adhärenten der Subhastation. Da indeß nur der durch ein Erkenntniß beeinträchtigten Partei die Nichtigkeitsbeschwerde gestattet ist, so ergiebt sich, daß es der Ausfertigung eines Erkenntnisses für Gläubiger, die bei der Subhastation vollständig zur Perzeption kommen, nicht bedarf. Rescr. v. 30. März 1834. (Jahrb. Bd. 43. S. 137.)

Zur Abwendung von Nachtheilen ist es für die Parteien nothwendig, solche Einrichtungen bei den Gerichten zu treffen, daß nach erfolgter Publikation des Zuschlagsbescheides die den Interessenten zur Begründung des Rechtsmittels häufig erforderliche Einsicht der Subhastationsakten kein Hinderniß finde. Es ist daher dafür zu sorgen, daß die vollständigen Subhastationsakten während des Laufes der 3tägigen Frist in dem betreffenden Büreau bereit liegen, um den Rechtsanwalten oder Parteien auf deren Verlangen nach vorgängiger Anweisung des Gerichtsdirigenten zur Einsicht

Die **Nichtigkeitsbeschwerde** ist auch gegen **Adjudikations-Erkenntnisse** gestattet.[40])
(§. 7. der Verordn. v. 14. Dezbr. 1833. G.S. S. 302.)

In Subhastations-Prozessen muß, wenn gegen das Zuschlags-Erkenntniß das Rechtsmittel der Nichtigkeitsbeschwerde eingewendet wird, die Anmeldung desselben und dessen Rechtfertigung spätestens binnen 3 Tagen, mit Ausschließung der Restitution, bei dem Gerichte erster Instanz angebracht werden; sie kann mündlich zu Protokoll erklärt oder schriftlich in der für die Appellationsrechtfertigung bestimmten Form eingereicht werden.
(§. 13. des Ges. vom 20. März 1854. G.S. S. 115.
§. 27. der Verordn. v. 21. Juli 1846. G.S. S. 298.)

In gleicher Art findet zur Anbringung des Rechtsmittels des Rekurses in Subhastations-Prozessen sowie zur Beantwortung der Rekursbeschwerde nur eine Frist von 3 Tagen statt.
(§. 14. des Ges. v. 20. März 1854. G.S. S. 115.)

Wenn bei der Subhastation und Aufnahme der Taxe die gesetzlichen Vorschriften beobachtet worden sind, so kann der vorige Besitzer wirkliche Pertinenzen des subhastirten und adjudizirten Gutes unter dem Vorwande, daß solche in der angefertigten Taxe nicht mit taxirt worden, nicht in Anspruch nehmen.

Davon findet auch alsdann keine Ausnahme statt, wenn in dem Subhastations-Patente der Ertrag der Taxate überhaupt so hoch angegeben worden ist, als sich die Summe der einzelnen Taxationen der ausdrücklich angegebenen Pertinenzen beläuft.
(§. 407. des Anh. zur A.G.O.)

Wirkungen des Adjudikationsbescheides.

Von dem Tage des publizirten Adjudikationsbescheides an fällt sowohl die Gefahr als die Nutzung des erstandenen Grundstücks, insofern deshalb nichts Besonderes verabredet worden, dem Käufer anheim, und die Naturalübergabe an ihn geschieht ent-

---

vorgelegt zu werden. Protokollarische oder schriftliche Gesuche um eine solche Vorlegung sind sofort dem Gerichtsdirigenten unmittelbar zuzustellen, damit von ihm die geeignete Verfügung erlassen werde. Verfüg. v. 24. April 1854. (J.M.Bl. S. 182.)

Anmerk. 40. Die Nichtigkeitsgründe sind aufgeführt im
a) §. 348. Tit. 11. Thl. I. des A.L.R. abgeändert zu Nr. 2. u. Nr. 5. durch die Verordn. v. 2. Dezbr. 1837. (siehe oben)
b) §. 5. der Verordn. v. 14. Dezbr. 1833. über die Nichtigkeitsbeschwerde (G.S. S. 302) und Art. 2. der Deklar. v. 6. April 1839. zu derselben G.S. S. 126.
die von dem Obertribunal angenommenen Nichtigkeitsgründe finden sich zusammengestellt im J.M.Bl. 1853. S. 101 ff.

weder gerichtlich oder außergerichtlich, je nachdem die Parteien sich darüber vereinigen. [41.])

(§. 61. a. a. O. der A.G.O.)

Anmerk. 41. §. 342. Tit. 11. Thl. I. des A.L.R. lautet:

Insonderheit gehen bei gerichtlichen nothwendigen Verkäufen durch den Zuschlag Eigenthum, Nutzung, Gefahr und Lasten auf den Käufer über, wenn gleich selbiger die erstandene Sache noch nicht in Empfang genommen hat.

Durch den Adjudikationsbescheid wird das Grundstück von allen Verpflichtungen frei, die nicht gesetzlich, oder nach Inhalt des Adjudikationsbescheides auf den Käufer übergehen, oder die der letztere nicht bei der Belegung der Kaufgelder für Rechnung derselben übernommen hat. Gesetzlich gehen auf den Adjudikatar nicht blos die keiner Eintragung bedürfenden, im §. 48. Tit. 1. der Hypoth. Ordn. bezeichneten, sondern auch diejenigen im §. 49. a. a. O. gedachten Lasten über, welche aus besonderen Kontrakten oder sonstigen speziellen Rechtstiteln auf dem subhastirten Grundstücke eingetragen sind. Rescr. v. 24. April 1839. (J.M.Bl. S. 162.) und Plenarbeschluß des Ob. Trib. v. 22. April 1844. (J.M.Bl. S. 234.)

Für die auf dem erstandenen Grundstücke haftenden Privatdienstbarkeiten, Lasten und Abgaben, welche nicht allen Grundstücken derselben Art in der Provinz gemein zu sein pflegen, kann der Adjudikatar keine Vertretung fordern, sobald ihm deren Dasein bekannt gewesen ist; dies gilt selbst in dem Falle, wenn ihm dieselben im Bietungstermine nicht besonders bekannt gemacht sind. Sind aber die Privatdienstbarkeiten, Lasten und Abgaben in das Hypothekenbuch eingetragen, so brauchen sie dem Käufer nicht angezeigt zu werden. Entscheid. des Ob. Trib. Bd. 6. S. 178. und Bd. 14. S. 232.

Ein in das Hypothekenbuch eingetragenes Wohnungsrecht gehört nicht zu denjenigen Intabulaten, deren Löschung der Adjudikatar zu fordern berechtigt ist; er muß es vielmehr übernehmen; doch kann der früher eingetragene Hypothekengläubiger verlangen, daß, falls er bei dem Ausgebote des subhastagestellten Grundstückes ausfallen würde, das Grundstück auch ausdrücklich ohne das Wohnungsrecht ausgeboten werde, mithin in zweifacher Weise lizitirt werde. Entscheid. des Ob. Trib. Bd. 6. S. 178. u. Bd. 28. S. 29.

Dasselbe gilt, wenn auf Antrag eines Miteigenthümers die Subhastation des gemeinschaftlichen Grundstücks eingeleitet ist, und ein anderer Miteigenthümer später auf seinen ideellen Antheil ein Nießbrauchsrecht hat eintragen lassen. Entscheid. des Ob. Trib. Bd. 28. S. 229.

Die Uebergabe des adjudizirten Grundstückes an den Adjudikatar kann weder durch Einlegung der Nichtigkeitsbeschwerde noch durch Uebergabe des Grundstückes zur gerichtlichen Verwaltung aufgehalten werden; die Bestimmung des §. 10. der Verordn. v. 14. Dezbr. 1833, daß der Verurtheilte sich durch gerichtliche Deposition der streitigen Sache oder Summe vor der wirklichen Voll-

Ein jeder Adjudikationsbescheid enthält die von selbst und ohne ausdrückliche Erwähnung sich verstehende Bedingung, daß, wofern die Bezahlung der Kaufgelder in der gesetzten Zeit nicht erfolgt, der Käufer sich die anderweitige Subhastation des Grundstücks auf seine Gefahr und Kosten gefallen lasse.[42.)]

Wenn also derselbe mit der stipulirten Zahlung nicht inne hält, so muß diese anderweitige Subhastation bei dem Andringen der Gläubiger auf den Grund der vorigen Taxe sofort verfügt, und der Käufer, falls er den Naturalbesitz schon ergriffen hätte, dessen wieder entsetzt werden. Wenn also die Gläubiger mit einem solchen Antrage sich melden, so muß derselbe dem Käufer bekannt gemacht, und ihm eine Frist von 4 Wochen, die unter keinerlei Vorwande verlängert werden kann, bestimmt werden.[43.)] Kann er in dem am Ende dieser Frist zu bestimmenden Termine die vollständige Erfüllung seiner Verbindlichkeit nicht nachweisen, so verhängt der Richter durch ein bloßes Dekret die anderweitige Subhastation. Wird in dem neuen Lizitationstermine weniger geboten, so muß der vorige Lizitant den Ausfall sowie alle anderen den Gläubigern daraus entstehenden Schäden und Kosten ersetzen, und Letztere können sich deshalb nicht nur an das von ihm erlegte Angeld, sondern auch an sein übriges bereitestes Vermögen halten, allenfalls auch mit Personalarrest wider ihn verfahren lassen.

(§. 62. a. a. O. der A.G.O.)

Dagegen bewirkt das Unterbleiben der versprochenen Zahlung keine Aufhebung des mit dem Käufer geschlossenen Kontrakts

---

streckung eines Erkenntnisses, wogegen er die Nichtigkeitsbeschwerde einlegt, zu schützen befugt ist, paßt nicht auf Adjudikations-Erkenntnisse in nothwendigen Subhastationssachen, da hier kein Verurtheilter und keine streitige Sache vorhanden ist. Rescr. v. 4. April 1834. (Jahrb. Bd. 43. S. 545.)

Anmerk. 42. Die Resubhastation wird nicht aus einem Judikat, sondern in Gefolge einer stillschweigenden Bedingung nachgesucht, und es bedarf daher auch keiner Klage gegen den Adjudikatar, wenn sie gleich erst nach Ablauf eines Jahres seit der dem Adjudikatar zur Bezahlung der Kaufgelder gesetzten Frist nachgesucht wird; Rescr. v. 27. Juli 1832. (Jahrb. Bd. 40. S. 182.) — und diese Resubhastation muß sich auch der Dritte gefallen lassen, welcher nach dem Zuschlage von dem Ersteher das Grundstück erworben hat. Entscheid. des Ob. Trib. Bd. 17. S. 490.

Anmerk. 43. — Es verordnet nämlich §. 5. der Verordn. v. 4. März 1834. über die Exekution in Civilsachen:

Wird eine Subhastation in Antrag gebracht, so ist in dem Zahlungsbefehle an den Schuldner die Frist, binnen welcher demselben genügt werden soll, auf 4 Wochen zu bestimmen.

selbst, sondern dieser bleibt dergestalt in seinen Würden, daß selbst Unglücksfälle, welche in der Zwischenzeit bei dem Grundstücke sich ereignet haben, den Käufer treffen; daß aber auch, so wie dieser bei einer nochmaligen Subhastation den Ausfall tragen muß, ebenso, wenn dabei mehr als sein eignes Gebot herauskommt, der Ueberschuß ihm und nicht den zuerst verkaufenden Gläubigern gebührt.

(§. 63. a. a. O. der A.G.O.)

Die verordnete anderweite Subhastation auf den Fall, wenn der Käufer eines Gutes die Zahlung der Kaufgelder in der gesetzten Zeit nicht leistet, kann nicht als eine Fortsetzung der vorigen angesehen, sondern muß als eine neue Subhastation behandelt werden, bei welcher in Ansehung der Anberaumung und Bekanntmachung des Termines überall nach Vorschrift des §. 8. der alleg. Verordn. und der Verordn. vom 2. Dezember 1837. zu verfahren ist.

Auf nochmalige Subhastation kann nicht von einem Gläubiger allein, sondern nur entweder von der Gesammtheit der Gläubiger oder doch vermöge eines nach den diesfälligen Vorschriften der Konkursordnung abzufassenden Konklusi der Mehrheit angetragen werden.[44.]

(§. 408. des Anh. zur A.G.O.)

Zahlt der Käufer in den bestimmten Terminen die Kaufgelder nicht, so können die Gläubiger, mit Vorbehalt des Rechtes auf den Wiederverkauf des subhastirten Gegenstandes, wegen der rückständigen Kaufgelder aus dem Adjudikationsbescheide wie aus einem Judikate auch in das andere Vermögen des Käufers die Exekution nachsuchen. Wird bei dem Wiederverkauf das Gebot, für welches dem Käufer der Zuschlag ertheilt war, nicht erreicht, so ist wegen des Ausfalles und der Kosten, ohne daß es einer Klage bedarf, die Exekution in eben der Art zulässig.

Bei Ausübung dieser Befugnisse ist kein Gläubiger an die Zustimmung der Mitgläubiger gebunden. Wird der Wiederverkauf in Antrag gebracht, so erfolgt die neue Subhastation nach den Vorschriften der alleg. Verordnung.[45.]

(§. 20. der alleg. Verordn.)

Anmerk. 44. Der Schlußsatz des §. 408. des Anh. der A.G.O. kann nur auf den Fall des Konkurses bezogen werden, wogegen außer diesem Falle jeder einzelne Gläubiger, welcher Subhastation ausgebracht hat, oder derselben beigetreten ist, ohne Rücksicht auf die übrigen Gläubiger das Recht hat, auf anderweite Subhastation anzutragen. Kab. Ord. v. 21. Dezbr. 1830. Jahrb. Bd. 36. S. 323.)

Anmerk. 45. Es kann also ein auf den Kaufgelderrückstand ange-

Belegung und Vertheilung der Kaufgelder.

Nach der Publikation des Adjudikationsbescheides wird von Amtswegen ein Termin zur Belegung und Vertheilung der Kaufgelder vor einem Kommissar des Subhastationsgerichts angesetzt. 46.)

Zu diesem Termin sind der Ersteher des Grundstücks, der Extrahent der Subhastation, der Schuldner, sowie die Gläubiger vorzuladen, welche aus dem Hypothekenbuch ersichtlich sind, oder welche eine aus dem Hypothekenbuch nicht ersichtliche Realforderung angemeldet haben.

Außerdem ist der Termin durch öffentlichen Aushang einer Vorladung an der Gerichtsstelle bekannt zu machen; dieser Aushang gilt als Vorladung in Ansehung der nicht eingetragenen Realgläubiger, welche sich noch nicht gemeldet haben. 47.)

(§. 285. der Konk. Ordn.)

Die Vorladung des Erstehers des Grundstückes geschieht unter der Verwarnung, daß bei seinem Ausbleiben angenommen werden soll, er könne die zu zahlenden Kaufgelder nicht erlegen.

Die nicht eingetragenen Realgläubiger, sie mögen ihre Forderungen bereits angemeldet haben oder nicht, sind unter der Ver-

---

wiesener Gläubiger die Exekution in das anderweitige Vermögen des Adjudikatars nachsuchen, während ein anderer die Resubhastation in Antrag bringt. Rescr. v. 14. März 1837. (Jahrb. Bd. 49. S. 215.)

Das Recht, die Exekution nachzusuchen, muß innerhalb der §. 3. Tit. 24. der Proz. Ordn. und §. 148. des Anh. zur A.G.O. bestimmten Frist ausgeübt werden, das Recht, auf Resubhastation anzutragen, ist an keine Frist gebunden. Rescr. v. 9. Oktbr. 1837. (Jahrb. Bd. 50. S. 540.)

Die Exekution kann nur der auf die rückständigen Kaufgelder angewiesene Gläubiger auf Höhe dieser Anweisung nachsuchen. Rescr. v. 21. April 1839. (J.M.Bl. S. 152.)

Anmerk. 46. Die Ansetzung des Kaufgelderbelegungstermines erfolgt von Amtswegen, sobald der Adjudikationsbescheid dem Adjudikatar eröffnet ist, weil die von Zustellung der Ausfertigungen abhängige Nichtigkeitsbeschwerde die Vollstreckung desselben um so weniger hindert, da das Eigenthum des Grundstückes schon durch den Zuschlag auf den Adjudikatar übergeht. Die Zustellung der Ausfertigungen kann daher auch zweckmäßig mit der Vorladung zum Kaufgelderbelegungstermine verbunden werden. Rescr. v. 30. Januar 1835. (Jahrb. Bd. 45. S. 214.)

Anmerk. 47. Der Käufer hat die Befugniß, die Kaufgelder schon vor dem Termine zur Belegung der Kaufgelder ad depositum einzuzahlen, weil er dadurch nur einer judikatmäßigen Verbindlichkeit genügt; es bedarf dann nicht erst seiner Vorladung zum Termin. Rescr. v. 2. Mai 1834. (Jahrb. Bd. 43. S. 494.) und vom 28. Febr. 1836. (Jahrb. Bd. 47. S. 371.)

warnung vorzuladen, daß die Ausbleibenden ihres Realanspruches an die Kaufgelder verlustig werden.

Der Vorladung der übrigen Interessenten ist die Verwarnung beizufügen, daß ihres Ausbleibens ungeachtet mit Belegung und Vertheilung der Kaufgelder verfahren, der auf den Ausbleibenden fallende Theil auf dessen Gefahr und Kosten zum Depositum genommen,[48.]) nach erfolgter Belegung der Kaufgelder das Realrecht der Forderungen für aufgehoben erachtet, und die Löschung der eingetragenen Posten im Hypothekenbuche veranlaßt werden soll, ohne daß dazu die Beibringung der Schuldurkunden erforderlich ist, daß sie indeß für jeden Mißbrauch, der mit den letzteren geschehen sollte, verantwortlich bleiben.[49.])

(§. 386. der Konk. Ordn.)

In dem Termine wird zuvörderst festgestellt, was der Ersteher der Grundstücks an Kaufgeldern und Zinsen[50.]) zu gewähren

Anmerk. 48. Wenn der Adjudikatar, ohne das Kaufgeld erlegt zu haben, und auch die hypothekarischen Gläubiger in dem Termine nicht erscheinen, so besteht die Realisation der Verwarnung gegen den Käufer darin, daß die nicht erlegten Kaufgelder bei Berichtigung des Besitztitels eingetragen werden, so wie in Beziehung auf die ausbleibenden Gläubiger, daß die Annahme des Antheils eines jeden an den Kaufgeldern zum Depositum erfolgt, was dadurch bewirkt wird, daß sein Antheil an den Kaufgeldern in der für ihn abgezweigten Theil-Obligation zum Spezialdepositum gebracht wird. Hierbei ist von Amtswegen zu verfahren. Rescr. v. 28. Febr. 1836. (Jahrb. Bd. 47. S. 373.)

Anmerk. 49. Die Vorrechte der Landschaften, nach welchen sie sich in einen Konkurs- oder Liquidationsprozeß nicht einzulassen brauchen, vielmehr nur die nach ihrer Befriedigung verbleibenden Einkünfte und Kaufgelder der bepfandbrieften Güter zur Kreditmasse gezogen werden sollen, sind nicht aufgehoben. Es ist daher bei Subhastationen solcher Güter, welche mit Pfandbriefen beschwert sind, der Landschaft nicht nur sogleich der Adjudikationsbescheid mitzutheilen, sondern ihr auch der Tag der Publikation desselben und der Termin zur Kaufgelderbelegung mit der Aufforderung, den Betrag ihrer Forderungen noch vor oder spätestens in diesem Termine anzuzeigen, bekannt zu machen, wobei es dann der Landschaft überlassen bleibt, ob sie sich mit einer schriftlichen Anzeige begnügen, oder in dem Termine selbst ihre Gerechtsame noch besonders wahrnehmen will. Rescr. v. 12. Novbr. 1835. (Jahrb. Bd. 46. S. 520.)

Anmerk. 50. Der Adjudikatar muß gemäß §. 109. Tit. 11. Thl. I. des A.L.R. das Kaufgeld von dem Tage der Eröffnung des Zuschlagsbescheides verzinsen d. h. von demjenigen Tage ab, an welchem das Eigenthum sowie die Nutzungen der zugeschlagenen Sache auf ihn übergingen. Rescr. v. 6. Mai 1837. (Jb. Bd. 49. S. 462.)

Siehe die Instruktion zum Verfahren im Kaufgelderbelegungstermine. Jahrb. Bd. 50. S. 126.

hat, und wie viel die zu vertheilende Masse nach Abzug der Kommunkosten beträgt.

Demnächst haben sich die Interessenten über die Ansprüche, welche an die Kaufgelder gemacht werden oder aus dem Hypothekenbuche hervorgehen, und über das dafür verlangte oder aus dem Hypothekenbuch hervorgehende Vorrecht zu erklären.

(§. 387. der Konk. Ordn.)

Sind die Interessenten einig, oder werden die entstandenen Streitigkeiten beigelegt, so ist demgemäß sofort die Vertheilung der Masse zu bewirken.

So weit eine zur Hebung kommende Forderung nicht von dem Ersteher mit Bewilligung des Gläubigers übernommen wird,[51.]) erfolgt die Berichtigung derselben durch Zahlung oder durch Uebereignung eines entsprechenden Betrages von dem etwa verbleibenden Kaufgelderrückstande.

Die auf eingetragene Posten zu zahlenden Beträge, deren gegenwärtige Eigenthümer unbekannt sind, oder zu welchen sich kein legitimirter Empfänger meldet, werden auf Gefahr und Kosten der betreffenden Gläubiger als Spezialmassen in gerichtlicher Aufbewahrung zurückbehalten.[52.])

(§. 388. der Konk. Ordn.)

Bei den im Wege der Exekution erfolgenden nothwendigen Subhastationen von Grundstücken findet die Befriedigung der Realgläubiger aus den Kaufgeldern in der Reihenfolge und in dem Umfange statt, welche für die Vertheilung der Kaufgelder

---

Anmerk. 51. Es ist jedenfalls nothwendig, diese Verabredung schriftlich aufzunehmen, ein neues Schuldverhältniß zu konstituiren, das Grundstück dafür neu zu verpfänden, und diese Novation in der Kolonne „Cessionen" des Hypothekenbuches vermerken zu lassen. Rescr. v. 3. Januar 1839. J.M.Bl. S. 32.

Uebernimmt der Adjudikatar eine Hypothekenschuld, so verliert der Gläubiger, soweit er dadurch zur Hebung kommt, seinen persönlichen Anspruch gegen den ursprünglichen Schuldner, ohne daß es einer ausdrücklichen Entlassung dieses bisherigen Schuldners bedarf. Entscheid. des Ob. Trib. Bd. X. S. 152.

Anmerk. 52. Das Aufgebot solcher Massen erfolgt nach den Vorschriften §§. 405 ff. der Konk. Ordn.

Die Hebungen aus den Kaufgeldern, welche auf die Forderung eines General-Depositorii oder einer Pupillen-Spezialmasse entfallen, hat das Subhastationsgericht einstweilen in sein Depositum zu nehmen, bis die Anstände wegen Auszahlung an die Vormundschaftsbehörde behoben sind. Die Belegung der Hebungen bei der Bank ist von dem Vormundschaftsgericht bei dem Subhastationsrichter zu beantragen. Rescr. v. 7. März 1835. (Jahrb. Bd. 45. S. 223.)

im Falle des Konkurses festgesetzt sind (Tit. I. Abschn. 6. der Konk. Ordn.)

(§. 383. der Konk. Ordn.)

Wenn eine Einigung der Interessenten nicht stattfindet, so entwirft der Kommissar, nöthigenfalls mit Hülfe eines Rechnungsverständigen, im Termin einen Theilungsplan, vermerkt bei jeder Forderung, wer die Richtigkeit, das Hypothekenrecht oder das Vorrecht derselben bestreitet, berechnet die Beträge, welche auf die Forderungen, so weit sie unstreitig sind, gezahlt werden können, und vernimmt bei jeder Post die Interessenten, ob sie in die Auszahlung willigen.

Die Posten, bei welchen Niemand etwas erinnert, werden berichtigt (§. 388. der Konk. Ordn.); die zur Hebung gelangten streitigen Beträge aber werden als Spezialmassen in gerichtlicher Aufbewahrung zurückbehalten, wenn nicht zwischen allen bei einer solchen Post betheiligten Interessenten ein anderweitiges Abkommen getroffen wird.

(§. 389. der Konk. Ordn.)

Den im Termine ausbleibenden eingetragenen Gläubigern werden außer den Kapitalbeträgen vorläufig die laufenden Hypothekenzinsen oder anderen Prästationen sowie die Rückstände derselben für die beiden letzten Jahre (§. 52. Nr. 1. u. 2. §. 54. Nr. 2. u. 3. der Konk. Ordn.) bei der Vertheilung berechnet.[53.])

Auf Kosten, welche nicht liquidirt worden sind, wird keine Rücksicht genommen.

(§. 390. der Konk. Ordn.)

In verwickelten Sachen steht dem Gericht frei, schon vor dem Termine einen vorläufigen Theilungsplan anfertigen zu lassen, welcher alsdann bei der Verhandlung im Termine zum Grunde zu legen ist.

(§. 391. der Konk. Ordn.)

Der Schuldner ist befugt, die Richtigkeit, das Hypothekenrecht und das Vorrecht der einzelnen Forderungen zu bestreiten.

In gleicher Art ist hierzu auch jeder im Termin anwesende Realgläubiger befugt, insofern durch die Theilnahme der einzelnen

---

Anmerk. 53. Diese Rückstände sind nach §. 52. Nr. 1. u. 2. u. §. 54. Nr. 2. u. 3. der Konk. Ordn.
1) die noch unberichtigten laufenden Hypothekenzinsen oder andere Prästationen,
2) die Rückstände von Hypothekenzinsen oder andere Prästationen aus den beiden letzten Jahren.

Forderungen an der Masse oder durch die Ausübung des verlangten Vorrechts seiner Befriedigung Eintrag geschieht.

(§. 392. der Konk. Ordn.)

Jeder im Termin anwesende betheiligte Realgläubiger (§. 392. der Konk. Ordn.) kann im Wege der Einwendung die nachbezeichneten Forderungen anderer Gläubiger nach Maaßgabe der im ersten Abschnitte der Konkurs-Ordnung ertheilten näheren Bestimmungen (§. 375.) als ungültig anfechten: [54.])

1. Forderungen aus Rechtshandlungen, welche der Schuldner in der dem anderen Theil bekannten Absicht vorgenommen hat, sie nur zum Schein vorzunehmen, oder die Gläubiger auf andere Weise zu bevortheilen;
2. Forderungen aus Entscheidungen oder Mandaten, wenn dabei Umstände zum Grunde liegen, bei welchen eine gleiche Absicht (Nr. 1.) erhellt;
3. Forderungen aus freigebigen Verfügungen (§. 102. Nr. 2. der Konk. Ordn.), welche der Pfandbesteller zum Vortheil seines Ehegatten nach geschlossener Ehe vorgenommen hat; [55.])
4. Forderungen der Ehefrau des Pfandbestellers oder der Rechtsnachfolger der Ehefrau auf Befriedigung wegen des in die Verwaltung des Mannes gekommenen Vermögens der Ehefrau, sofern ein Fall der gesetzlichen Verpflichtung zur Sicherstellung der Ehefrau oder zur Herausgabe des Vermögens derselben nicht vorlag;
5. Forderungen, die sich auf Empfangsbekenntnisse, Anerkenntnisse oder Zugeständnisse gründen, welche der Pfandbesteller seinem Ehegatten gegenüber vor oder nach geschlossener Ehe ausdrücklich oder stillschweigend, insbesondere im Kontumazialverfahren, abgegeben hat; sofern nicht die Richtigkeit

---

Anmerk. 54. §. 375. der Konk. Ordn. lautet:

Bei der Anfechtung kommen die Grundsätze zur Anwendung, welche im Konkurse bei der Anfechtung der vor der Konkurseröffnung vorgefallenen Rechtshandlungen gelten (§§. 104. 105. 109. 111. 112.)

Soweit die Ungültigkeit der angefochtenen Forderungen festgestellt wird, bleiben dieselben von der Theilnahme an der Masse ausgeschlossen.

Anmerk. 55. §. 102. Nr. 2. der Konk. Ordn. lautet:

freigebige Verfügungen des Gemeinschuldners, insbesondere Schenkungen, Erbes- oder Vermächtniß-Entsagungen, ingleichen solche Verfügungen, welche zwar unter lästigem Titel vorgenommen, aber wegen des zwischen der Leistung des Gemeinschuldners und der Gegenleistung obwaltenden erheblichen Mißverhältnisses als freigebige Verfügungen des Gemeinschuldners zu erachten sind.

des Empfangsbekenntnisses, Anerkenntnisses oder Zugeständnisses oder der im Kontumazialverfahren festgestellten Umstände anderweit nachgewiesen wird.

(§. 393. der Konk. Ordn.)

Wenn eine Forderung in Ansehung der Richtigkeit, des Hypothekenrechts oder des Vorrechts bestritten wird, oder wenn eine Forderung als ungültig angefochten wird, so hat der Gläubiger, welcher dieselbe geltend macht, seinen Anspruch gegen die widersprechenden oder anfechtenden Interessenten (§§. 392. u. 393. der Konk. Ordn.) in einem besonderen Prozesse auszuführen.

Zu diesem Behufe muß der Gläubiger den Anspruch im Termin näher begründen oder sich eine besondere Klageschrift vorbehalten. Wenn dies nicht geschieht, oder wenn er die Klage nicht binnen 14 Tagen einreicht, so wird angenommen, daß er sich lediglich auf den Inhalt des Hypothekenbuchs und der überreichten Urkunden bezieht.

Wird eine besondere Klage nicht eingereicht, so dient eine Abschrift des Protokolls oder ein Auszug aus demselben in dem Spezialprozesse als Klageschrift.

Auf die Klage ist mit der Klagebeantwortung sowie mit der Verhandlung und Entscheidung der Sache nach den für den ordentlichen Prozeß geltenden Vorschriften weiter zu verfahren.

Das Erkenntniß muß zugleich darüber entscheiden, an wen der streitige Kaufgelderbetrag auszuzahlen oder zu übereignen ist, oder nach Befinden die anderweite Vertheilung anordnen. [56.])

Der Spezialprozeß gehört vor das Subhastationsgericht innerhalb seiner Kompetenz in Civilprozessen.

(§. 394. der Konk. Ordn.)

Wenn eine Forderung ungetheilt auf mehreren Grundstücken haftet, so kommen die für diesen Fall im Konkurse gegebenen Vorschriften (§. 56. der Konk. Ordn.) zur Anwendung. [57.])

(§. 395. der Konk. Ordn.)

Anmerk. 56. Auszuzahlen nach Maaßgabe der Entscheidung ist die Spezialmasse nicht eher, als bis auch die etwa eingelegte Nichtigkeitsbeschwerde entschieden ist, denn, da die Masse deponirt ist, so liegt der Fall des §. 10. der Verordn. v. 14. Dezbr. 1833 vor, nach welchem die Deposition vor wirklicher Vollstreckung des Erkenntnisses schützt. Rescr. v. 6. Januar 1841. (J.M.Bl. S. 43.)

Anmerk. 57. §. 56. der Konk. Ordn. lautet:

Wenn eine Forderung ungetheilt auf mehreren zur Konkursmasse gehörigen Grundstücken haftet, so ist bei Vertheilung der Kaufgelder nach folgenden Grundsätzen zu verfahren:

1. Der Gläubiger ist berechtigt, sich an die Kaufgelder jedes

Die noch nicht fälligen Forderungen werden wie fällige behandelt; der Gläubiger kann die Annahme einer noch nicht fälligen Forderung nicht verweigern.

Ist eine solche Forderung unverzinslich, so kommt die Vorschrift im §. 249. der Konk. Ordn. zur Anwendung. [58.])

(§. 396. der Konk. Ordn.)

---

einzelnen Grundstückes wegen seiner ganzen Forderung zu halten.

2. Kommen die Kaufgelder aller oder einiger Grundstücke gleichzeitig zur Vertheilung, so müssen von der Masse eines jeden dieser Grundstücke die der Forderung vorhergehenden Posten abgerechnet, und die verbleibenden Reste der einzelnen Massen zusammengerechnet werden; nach dem Verhältniß dieser Summe zu den einzelnen Masseresten ist alsdann die Forderung aus den einzelnen Massen antheilig zu berichtigen. Sind die Grundstücke nur nach einem Gesammtgebote zugeschlagen, so werden die Taxwerthe der einzelnen Grundstücke der Berechnung zum Grunde gelegt.
3. Erfolgt die Vertheilung der Kaufgelder eines oder einiger Grundstücke früher als die der übrigen, so wird von den Kaufgeldern der letzteren so viel auf die Forderung vertheilt, als daraus bei gleichzeitiger Vertheilung der Kaufgelder sämmtlicher verkauften Grundstücke auf die Forderung gefallen sein würde (Nr. 2.). Der ermittelte Antheil kommt nach Befriedigung der Forderung den Gläubigern zu gut, welche auf den Grundstücken, deren Kaufgelder früher vertheilt worden sind, hinter der Forderung eingetragen waren und einen Ausfall erlitten haben. Dieser Anspruch der ausgefallenen Gläubiger ist sogleich nach jeder früheren Kaufgeldervertheilung in das Hypothekenbuch der übrigen Grundstücke bei der Forderung von Amtswegen einzutragen.
4. Verlangt der Gläubiger vermöge des ihm nach Nr. 1. zustehenden Rechts eine andere als die unter Nr. 2. u. 3. vorgeschriebene antheilige Befriedigung aus einer oder der andern Masse, so wird dadurch gleichwohl in dem Beitragsverhältnisse der einzelnen Massen unter sich nichts geändert, und es muß den Massen, welche zur Befriedigung des Gläubigers über ihren Antheil hergegeben haben, dieser Mehrbetrag aus den Massen, welche gar nichts oder weniger als ihren vollen Antheil hergegeben haben, verhältnißmäßig erstattet werden.

Anmerk. 58. §. 249. der Konk. Ordn. lautet:

Die noch nicht fälligen Forderungen werden wie fällige behandelt.

Ist jedoch eine solche Forderung unverzinslich, so ist dieselbe nur zu demjenigen Betrage in Ansatz zu bringen, wel-

Hinsichtlich der bedingten Forderungen gelten für die Vertheilung folgende Grundsätze:

1. Ist die Bedingung eine aufschiebende, so erhalten diejenigen Interessenten, deren Befriedigung die bedingte Forderung im Wege steht, den auf dieselbe fallenden Betrag mit der Verpflichtung zur Rückgewähr an den bedingten Gläubiger für den Fall des Eintritts der Bedingung und gegen Sicherheitsstellung.
2. Ist die Bedingung eine auflösende, so wird dem bedingten Gläubiger der auf seine Forderung fallende Betrag gegen Sicherheitsbestellung wegen der Rückgewähr für den Fall des Eintritts der Bedingung überwiesen und zugleich bestimmt, an wen für diesen Fall die Rückgewähr zu leisten ist.
3. So lange die empfangsberechtigten Interessenten keine von den übrigen Betheiligten für genügend erachtete Sicherheit bestellen, wird die Summe verzinslich angelegt. Diese Anlegung erfolgt durch gerichtliche Deposition; die aufkommenden Zinsen werden von Demjenigen bezogen, welcher das Kapital im Falle der Sicherheitsbestellung zu nutzen das Recht gehabt haben würde.

(§. 397. der Konk. Ordn.)

Besteht eine Forderung in dem Anspruche auf fortlaufende Hebungen, so wird der Betrag, welcher bei der Vertheilung auf das zur Deckung der künftigen Hebungen angesetzte Kapital fällt, verzinslich angelegt. Die Anlegung erfolgt durch gerichtliche Deposition.

Zugleich wird bestimmt, wem das Kapital bei dem Aufhören der Hebungen zufallen soll.

So oft die Zinsen zur Berichtigung der Hebungsbeträge nicht hinreichen, wird der fehlende Betrag aus dem Kapital entnommen.

(§. 398. der Konk. Ordn.)

Die Urkunden über Forderungen, welche durch Zahlung oder durch Uebereignung des Kaufgelderrückstandes getilgt sind, werden kassirt und zu den Subhastations-Akten genommen.[59] Dagegen sind die Urkunden über Forderungen, welche entweder der Ersteher übernommen hat, oder welche ganz oder theilweise ausge-

---

cher mit Hinzurechnung der gesetzlichen Zinsen von diesem Betrage für die Zeit zwischen dem Zahlungstage und dem späteren Verfalltage dem ganzen Betrage der Forderung gleichkommt.

Anmerk. 59. Behufs der Zahlung ist die Produktion der Hypothekeninstrumente nothwendig. Rescr. v. 7. Januar 1839. (J.M.Bl. S. 35.)

fallen sind, und bei welchen der persönliche Anspruch noch fortbesteht, an die Gläubiger zurückzugeben.[60.])

Der Kommissar hat in dem Kaufgelderververtheilungstermine auf den zurückgegebenen Urkunden zu attestiren, ob und bis zu welchem Betrage die Post zur Hebung gekommen ist, und wenn der Ersteher die Forderung in Anrechnung auf die Kaufgelder übernommen hat, daß und bis zu welchem Betrage dies geschehen ist.

Der wörtliche Inhalt dieser Atteste ist in das Protokoll aufzunehmen.

(§. 399. der Konk. Ordn.)

Reichen die Kaufgelder zu, so werden bei deren Vertheilung den Realgläubigern sämmtliche Zinsen-Rückstände gezahlt; reichen sie nicht zu, so erhält jeder Gläubiger am Orte seines Kapitals nur:

1. die laufenden Zinsen nach §. 25. der Verordnung über die Exekution in Civilsachen vom 4. März 1834,[61]) so weit sie noch nicht gezahlt sind, und
2. die Rückstände aus den beiden früheren Jahren.[62.])

Ist eine Beschlagnahme der Einkünfte nicht vorangegangen, so nehmen die laufenden Zinsen mit dem 1. Juli vor der verfügten Subhastation ihren Anfang.

Kosten der Subhastation.

Die Kosten des Werthstempels und des Zuschlagsbescheides trägt der Käufer; die übrigen Subhastationskosten werden bei Austheilung der Kaufgelder vorweg in Abzug gebracht, und entgehen dem letzten Perzipienten.[63.])

(§. 18. der alleg. Verordn.)

Anmerk. 60. — Werden die Hypotheken-Instrumente über die ausgefallenen Posten nicht beigebracht, so bedarf es doch keiner Amortisation derselben. Rescr. v. 2. Juli 1832. (Jahrb. Bd. 40. S. 180.)

Anmerk. 61. §. 25. der alleg. Verordn. bestimmt, daß die laufenden Zinsen den aus dem Hypothekenbuche ersichtlichen Gläubigern nach der Ordnung der Priorität zu zahlen sind.

Anmerk. 62. Ist die Forderung erst innerhalb der letzten 2 Jahre vor Einleitung der Subhastation eingetragen worden, so werden die rückständigen Zinsen erst vom Tage der Eintragung ab am Orte des Kapitals berichtigt, nicht aber auch etwaige ältere Zinsenrückstände. Entscheid. des Ob. Trib. Bd. 11. S. 475.

Die in Auseinandersetzungs- oder Ablösungssachen eines später subhastirten Grundstückes entstandenen Kosten sind nach §. 66. des Ges. v. 30. Juni 1834. (G.S. S. 96.) aus den Kaufgeldern zu berichtigen, wobei die Einlegung der Sequestration event. die Einleitung der Subhastation als terminus a quo anzunehmen ist. Entscheid. des Ob. Trib. Bd. 22. S. 89.

Anmerk. 63. Wird der ganze Kaufpreis durch Uebernahme von Hy-

Berichtigung des Hypothekenbuches.

Nach Abhaltung des Termins ist das über die Verhandlung aufgenommene Protokoll für den Ersteher in beglaubigter Form auszufertigen. [64.])

Auf Grund dieser Ausfertigung ist in dem Hypothekenbuche bei Berichtigung des Besitztitels für den Ersteher die Löschung des Subhastationsvermerkes und aller Realansprüche zu bewirken, welche nicht nach gesetzlicher Vorschrift auf den Ersteher übergehen, oder von demselben namentlich übernommen worden sind. [65.])

Gleichzeitig ist der aus dem Protokolle sich ergebende etwaige Kaufgelderrückstand in das Hypothekenbuch einzutragen. Der Eintragungsvermerk hat zugleich die den einzelnen Gläubigern übereigneten Antheile an dem Kaufgelderrückstande zu bezeichnen, sowie die Rangordnung derselben anzugeben. [66.])

Als Eintragungsurkunde dient eine Ausfertigung des Adjudikationsbescheides und des Protokolles über die Belegung und Vertheilung der Kaufgelder. Jeder Gläubiger, welchem ein Antheil an dem Rückstande übereignet ist, hat die Befugniß, zu verlangen, daß ihm von dieser Eintragungsurkunde nach Maaßgabe des ihm zustehenden Vorrechts eine Theilobligation abgezweigt wird. [67.])

---

pothekenschulden seitens des Erstehers berichtigt, so müssen sich die Hypothekengläubiger die Präintabulation der Subhastationskosten gefallen lassen. Entscheid. des Ob. Trib. Bd. 28. S. 235.

Anmerk. 64. Derjenige, welcher ein Grundstück in einer nothwendigen Subhastation ersteht, erlangt durch den Zuschlag das Eigenthum desselben (§. 242. Tit. 11. Thl. I. des A.L.R.), und ist daher auch ohne geschehene Nachweisung der Uebergabe so wie der Bezahlung und Vertheilung des Kaufpreises berechtigt, auf Grund des Zuschlagserkenntnisses die Berichtigung seines Besitztitels zu verlangen. Der §. 58. Tit. 2. der Hypoth. Ordn. ergiebt ausdrücklich, daß der Adjudikationsbescheid hierzu genügt. Rescr. v. 28. Febr. 1836. (Jahrb. Bd. 47. S. 371.)

Anmerk. 65. Die hier vorgeschriebene Löschung und Eintragung setzt nothwendig die Berichtigung des Besitztitels für den Adjudikatar voraus, da keine Schuld des Besitzers intabulirt werden kann, ohne daß dieser zuvor selbst als Besitzer eingetragen worden ist. Rescr. v. 18. Oktbr. 1834. (Jahrb. Bd. 44. S. 410.)

Anmerk. 66. Erfolgt die Subhastation erst nach Eröffnung eines Konkurses oder erbschaftlichen Liquidations-Prozesses, so trägt der Hypothekenrichter den Kaufgelderrückstand auf den Namen der Konkurs- oder erbschaftlichen Liquidations-Masse ein, und übersendet das diesfällige Hypothekendokument dem Richter des Konkurses oder erbschaftlichen Liquidations-Prozesses. Rescr. v. 7. Januar 1839. (J.M.Bl. S. 35.)

Anmerk. 67. Der Hypothekenrichter hat, ohne daß ihm die Hypotheken-Instrumente vorgelegt zu werden brauchen, sich lediglich

Das Subhastationsgericht hat die vorstehenden Eintragungen und Löschungen von Amtswegen zu veranlassen. [68.])

Jeder Gläubiger, dessen Forderung von dem Ersteher in Anrechnung auf die Kaufgelder übernommen worden ist, kann eine Ausfertigung des Kaufgelderbelegungsprotokolls verlangen.

(§. 440. der Konk. Ordn.)

Was nach der in Gemäßheit der vorstehenden Bestimmungen erfolgten Befriedigung der Realgläubiger von den Kaufgeldern übrig bleibt, dient zur Befriedigung der Realgläubiger wegen älterer als zweijähriger Rückstände von Hypothekenzinsen und anderen Prästationen, sowie zur Befriedigung der persönlichen Gläubiger, welche die Subhastation beantragt haben, oder welche den Kaufgelderrest im Wege der Exekution in Beschlag genommen haben.

Wenn der Kaufgelderrest zur vollständigen Befriedigung der Gläubiger, welche auf denselben Anspruch machen, nicht zulänglich ist, so findet das im Abschn. 1. Tit. 5. der Konkurs-Ordnung vorgeschriebene Prioritätsverfahren statt.

(§. 401. der Konk. Ordn.)

Ist eine Subhastation eingeleitet, so hindert die später eintretende Eröffnung des Konkurses oder erbschaftlichen Liquidatios-n Prozesses über das Vermögen des Schuldners die Fortsetzung esd Subhastationsverfahrens und die Vertheilung der Kaufgeldermasse nach obigen Vorschriften nicht; doch können alsdann die Gläubiger, selbst wenn die Kaufgelder zureichen sollten, am Orte ihres Kapitals nur diejenigen Zinsen fordern, zu denen sie nach §. 18. der alleg. Verordn. für den Fall befugt sind, wenn die Kaufgelder nicht zureichen [69.])

(§. 21. der alleg. Verordn.)

Die Vorschriften der Prozeß-Ordnung Tit. 51. §§. 2—50. vom Liquidations-Prozesse über Grundstücke oder deren Kaufgelder sind aufgehoben.

(§. 22. der alleg. Verordn.)

---

nach dem Inhalte des Kaufgelderbelegungs-Protokolles zu achten, und danach die nöthigen Eintragungen und Löschungen im Hypothekenbuche zu bewirken. Rescr. v. 7. Januar 1839. (J.M.Bl. S. 35.)

Anmerk. 68. Dagegen kann die Eintragung der vertragsmäßigen Einführung oder Ausschließung der Gütergemeinschaft (§§. 366. u. 424. Tit. 1. Thl. II. des A.L.R.) nur auf Antrag des anderen Ehegatten oder eines Gläubigers erfolgen. Rescr. v. 18. Oktbr. 1834. (Jahrb. Bd. 44. S. 410.)

Anmerk. 69. Die Kaufgelder gehören nicht zur Konkursmasse, und müssen von dieser ganz getrennt gehalten werden. Rescr. v. 4. März 1837. (Jahrb. Bd. 49. S. 212.)

Bei nothwendigen Subhastationen von solchen Schiffsmühlen und Gerechtigkeiten, welche die Eigenschaft unbeweglicher Sachen haben, ingleichen von verliehenem und von nicht verliehenem Berg- und Hütteneigenthum werden die Kaufgelder nach den Vorschriften vertheilt, welche bei der Vertheilung der Kaufgelder von Grundstücken zur Anwendung kommen. Subhastation von Gerechtigkeiten, Schiffsmühlen, Berg- und Hütteneigenthum, See- und Frachtschiffen.

Hinsichtlich der Theilnehmerrechte der Realgläubiger gelten die für den Fall des Konkurses festgesetzten Bestimmungen. (§. 63. der Konk. Ordn.) [70].)

(§. 402. der Konk. Ordn.)

Bei der Veräußerung der Hüttenwerke und Bergantheile finden folgende Vorschriften statt:

1. muß eine möglichst genaue Beschreibung des Werkes angefertigt, darin die Zahl der zur Zeche gehörigen Gänge und Flötze, die Mächtigkeit oder sonstige Beschaffenheit derselben, insofern sie bekannt sind, die Feldeslänge und der darin geführte Bau genau angegeben, auch wenn das Werk im Betrieb ist, und mit Ausbeute baut, das Ausbringen des letzten Jahres bemerkt, und solchergestalt der Kauflustige in den Stand gesetzt werden, sich mit dem Zustande und dem Werthe des Werkes bekannt zu machen. [71].)

   (§. 410. des Anh. zur A.G.O.)

2. sind die obigen Bestimmungen §§. 8. u. 14. Satz 1. der alleg. Verordn. (u. der Verordn. vom 2. Dezbr. 1837) mit Beschränkung auf die bei Gegenständen unter 5000 Thalern

---

Anmerk. 70. Der §. 63. der Konk. Ordn. lautet:

Die Vorschriften des gegenwärtigen Abschnitts (Abschn. 6. Tit. 1.) finden auch bei der Vertheilung der Kaufgelder und Revenüen von solchen Schiffsmühlen und Gerechtigkeiten Anwendung, welche die Eigenschaft unbeweglicher Sachen haben.

Ein Gleiches gilt bei nicht verliehenem Berg- und Hütteneigenthum.

Dagegen behält es in Ansehung des verliehenen Berg- und Hütteneigenthums bei den über die Theilnahmerechte der Berggläubiger bestehenden besonderen Vorschriften sein Bewenden.

Anmerk. 71. Da eine Werthstaxe nicht aufgenommen wird, so hat der Kommissarius, welcher den Termin abhält, die Höhe der zu bestellenden Kaution nach billigem Ermessen und nach den konkurrirenden Umständen unter Berücksichtigung des ermittelten Ertrages des letzten Jahres oder der früheren Erwerbspreise oder der schon abgegebenen Gebote festzusetzen. Rescr. v. 8. Novbr. 1836. (Jahrb. Bd. 48. S. 468.)

an Werth vorgeschriebenen Förmlichkeiten in Anwendung zu bringen;

(Kab. Ord. v. 14. Septbr. 1834. G.S. S. 169.)

3. wenn die Mitgewerke bei dem subhastirenden Bergamte einen Bevollmächtigten bestellt haben, so muß demselben der bevorstehende Verkauf und der dazu anberaumte Termin besonders bekannt gemacht werden; da hingegen eine solche Bekanntmachung in Ansehung derjenigen Mitgewerke wegfällt, von denen kein Bevollmächtigter bestellt worden ist.

(§. 410. des Anh. zur A.G.O.)

Bei nothwendigen Subhastationen von Seeschiffen und anderen zur Frachtschifffahrt bestimmten Schiffsgefäßen richten sich die Theilnahmerechte der Schiffsgläubiger an der Schiffsmasse nach den für den Fall des Konkurses ertheilten Vorschriften (Tit. 1. Abschn. 7. der Konk. Ordn.).

Bei der Vertheilung der Schiffsmasse ist nach den Bestimmungen zu verfahren, welche bei der Vertheilung der Kaufgelder von Grundstücken zur Anwendung kommen.

Die auf den Schiffserwerbsurkunden nicht eingetragenen Realgläubiger sind in dem Subhastationspatent zur Anmeldung ihrer Ansprüche aufzufordern, und in derselben Weise, wie die aus dem Hypothekenbuche nicht ersichtlichen Realgläubiger, zu dem Vertheilungstermin vorzuladen (§§. 385. u. 386. der Konk. Ordn.). Die auf jenen Urkunden eingetragenen Realgläubiger werden wie die im Hypothekenbuch eingetragenen Gläubiger behandelt.

(§. 403. der Konk. Ordn.)

Bei der nothwendigen Subhastation von Seeschiffen und anderen zur Frachtschifffahrt bestimmten Schiffsgefäßen ist nach folgenden Bestimmungen zu verfahren:

1. Das Subhastationspatent muß durch 3malige Einrückung in den Anzeiger des Regierungs-Amtsblattes dergestalt bekannt gemacht werden, daß von der letzten Einrückung an bis zum Verkaufstermine eine volle Woche frei bleibt. Außerdem ist das Subhastationspatent durch Anschlag an dem gewöhnlichen Versammlungsorte der Kaufleute, sowie durch Anschlag in den benachbarten Häfen und Seeplätzen bekannt zu machen. Ob noch anderweite Bekanntmachungen, insbesondere durch inländische oder ausländische Zeitungen, stattfinden sollen, hat das Gericht nach den Umständen zu ermessen.
2. Die Frist zur nothwendigen Subhastation beträgt 14 Tage bis 3 Monat, je nach dem Ermessen des Gerichts in den einzelnen Fällen. Die Frist wird von dem Tage an ge-

rechnet, wo die Bekanntmachung des Subhastationspatentes zum ersten Male in dem Anzeiger des Regierungs-Amtsblattes erscheint.

3. Während des Laufes der Subhastationsfrist muß das Schiff der Regel nach im Hafen liegen bleiben. Wenn es jedoch die Handelskonjunktur und das Beste der Interessenten rathsam erscheinen läßt, daß das Schiff in dieser Zwischenzeit eine neue Fahrt antritt, so kann solches auf den Antrag der Interessenten von dem Gerichte gestattet, es muß jedoch alsdann für eine gehörige Versicherung des Schiffs und des Frachtgeldes gesorgt werden. [72.])

(Art. XVI. des Einführungs-Ges. v. 8. Mai 1855.)

Zweiter Abschnitt.

Von freiwilligen Subhastationen.

Freiwillige Subhastationen können aus mancherlei Ursachen stattfinden, z. B. wenn Erben zum Behufe der Theilung unter sich ein zum gemeinschaftlichen Nachlasse gehöriges Grundstück öffentlich und gerichtlich feilbieten wollen, insonderheit aber alsdann, wenn die Veräußerung eines Grundstückes, dessen Besitzer noch minderjährig ist, erfolgen soll. [73.]) Veranlassung.

(§. 66. a. a. O. der A.G.O.)

Anmerk. 72. Eine Anleitung zur Bearbeitung der Subhastationssachen enthält die Instruktion vom 8. Mai 1841. (J.M.Bl. S. 171.)

Anmerk. 73. Eine freiwillige gerichtliche Subhastation ist nur in Beziehung auf solche Sachen und Rechte zulässig, welche Gegenstände einer nothwendigen Subhastation sein können (§. 1. der alleg. Verordn.).

Der Fall einer freiwilligen gerichtlichen Subhastation aber tritt ein

a. wenn bei gemeinschaftlichem Eigenthume sämmtliche Miteigenthümer, wozu auch Benefizialerben gehören, zum Zwecke ihrer Auseinandersetzung darauf antragen (§. 404. der Konk. Ordn. und Verordn. v. 11. August 1843. oben);

b. behufs der Veräußerung von Gütern der Pflegebefohlenen so wie derjenigen überhaupt, denen die Rechte der Minderjährigen

Taxe. Bei dergleichen Subhastationen muß, sowie durchgehends, eine gerichtliche Taxe zum Grunde gelegt werden.

(§. 67. a. a. O. der A.G.O.)

Die Extrahenten einer blos freiwilligen Subhastation können darauf antragen, daß statt einer förmlichen Taxe eine bloße Beschreibung des Grundstückes nach seiner Lage, Grenzen, allgemeinen Beschaffenheit und aus dem Hypothekenbuche oder dem Steuerkataster erhellenden Realitäten, Zubehörungen, Dienstbarkeiten und beständigen Lasten den Subhastationspatenten beigefügt werde.

(§. 68. a. a. O. der A.G.O.)

---

zustehen, insofern nicht von der Subhastation dispensirt ist. (A.L.R. Thl. II. Tit. 18. §§. 550 ff.)

Zur Einleitung einer freiwilligen gerichtlichen Subhastation ist nur der Richter der Sache kompetent (A.L.R. Thl. II. Tit. 17. §. 56.)

Derselbe muß, wenn der Antrag auf Subhastation gemacht wird, zunächst die Dispositionsfähigkeit und Legitimation der Extrahenten sowie ihrer etwaigen Bevollmächtigten (A.L.R. Thl. I. Tit. 13. §. 106.) und ihrer Vormünder (§. 74. a. a. O. der A.G.O.) genau prüfen, und darf vor Behebung der sich hierbei etwa vorgefundenen Anstände dem Antrage nicht stattgeben.

Dabei hat der Richter, da er Namens der Interessenten das Grundstück ausbietet und verkauft, und deshalb über deren Legitimation vollkommene Gewißheit haben muß, auch den Antrag auf Einleitung der freiwilligen Subhastation als eine Verfügung über das Grundstück vor Gericht anzusehen ist, von Amtswegen dafür zu sorgen, daß der im Hypothekenbuch etwa noch nicht eingetragene Besitztitel der Extrahenten bei dem zu subhastirenden Grundstücke berichtigt werde. Dies wird in der Regel keine Schwierigkeiten haben, da die Berichtigung des Legitimationspunktes seitens der Interessenten mit dem Nachweise ihres Eigenthums zusammenfällt, und auf Grund der diesfälligen Dokumente, der Erbeslegitimationsatteste, Erbrezesse, Testamente, Kaufkontrakte 2c. — wenn dieselben sonst zu keinem Bedenken Anlaß geben — der Besitztitel gleich wird berichtigt werden können. Ueber die erfolgte Berichtigung des Besitztitels muß aus den Grundakten das Erforderliche zu den Subhastationsakten amtlich vermerkt, oder zu diesen eine Ausfertigung des neuesten Hypothekenscheines gebracht werden.

Sollten gleichwohl der Berichtigung des Besitztitels nicht sogleich zu beseitigende Hindernisse entgegenstehen, so sind die Interessenten darauf aufmerksam zu machen, daß sich vor der Berichtigung des Hypothekenfoliums schwerlich ein annehmlicher Käufer finden werde, auch sind dieselben darüber zur bestimmten Erklärung aufzufordern, ob sie dessenungeachtet die Subhastation verlangen. Im Bejahungsfalle, und wenn sonst kein Bedenken entgegensteht, muß dieselbe eingeleitet werden.

(§§. 1—5. der Instruktion v. 20. Mai 1839. J.M.Bl. 1839. S. 190.)

Die Bestimmung des Termins und die Art der Bekanntmachung hängt, insofern der Verkauf nicht auf Andringen der Gläubiger geschieht, lediglich von dem Vorschlage und Gutfinden der Extrahenten ab. Wird aber von diesen nichts besonders angetragen, so ist dabei eben das, was bei nothwendigen Subhastationen, zu beobachten. Termin und Bekanntmachung desselben.

(§. 67. a. a. O. der A.G.O.)

Wenn mehrere Extrahenten einer freiwilligen Subhastation vorhanden sind, und diese sich über die dabei zu beobachtenden Förmlichkeiten nicht vereinigen können, so muß nach denjenigen Anträgen, welche sich den gesetzlichen Bestimmungen bei nothwendigen Subhastationen am meisten nähern, verfahren werden. 74.) 75.)

(§. 69. a. a. O. der A.G.O.)

Anmerk. 74. Alsdann muß, falls nicht:

a. die Extrahenten auf eine gerichtliche Taxe des Grundstückes antragen, oder

b. eine gerichtliche Taxe, wie bei Grundstücken der Pflegebefohlenen 2c., gesetzlich nothwendig ist (wobei jedoch das Ges. v. 15. Juni **1840.** bei Grundstücken bis zum Werth von **500** Thalern zu beachten ist — siehe oben hinter §. 17. a. a. O. der A.G.O.)

unter Zuziehung der Extrahenten eine vollständige Beschreibung desselben nach Vorschrift des §. 68. a. a. O. der A.G.O. aufgenommen, und dabei insbesondere darauf geachtet werden, ob Veränderungen des Realzustandes vorgefallen sind, welche noch nicht im Hypothekenbuche vermerkt worden, und ob Prozesse über das Grundstück schweben, da es nothwendig ist, daß sowohl der subhastirende Richter als der künftige Ersteher des Grundstücks über den Gegenstand des Kaufs vollständig unterrichtet sind.

(§. 6. derselben Instrukt.)

Anmerk. 75. — Vor der Anberaumung des Subhastationstermines erfolgt die Regulirung der Kaufbedingungen, welche die Extrahenten den Bietern stellen wollen. Die Aufnahme der Taxe oder Beschreibung des Grundstücks nach §. 6. vorstehend bietet dazu in der Regel die geeignete Veranlassung. Im Allgemeinen dienen hierbei die Vorschriften bei Aufnahme von Verträgen und Kaufkontrakten, insonderheit §§. 10. u. 11. Tit. 3. Thl. II. der A.G.O. zur Richtschnur. Insbesondere gehören hierher die Bestimmungen über die Art der Belegung der Kaufgelder, wie sie bezahlt, welche Hypothekenschulden auf Rechnung des Kaufpreises übernommen, oder von den Verkäufern zur Löschung gebracht, ob die Kaufgelder gestundet und eingetragen werden sollen, ferner, ob der Verkauf in Pausch und Bogen (A.L.R. Thl. I. Tit. 11. §. 117. u. f.) erfolgen, wie es mit der Uebergabe gehalten werden, und wer die Kosten tragen soll. Auch wegen der in der II. Rubrik eingetragenen Beschränkungen des Eigenthums, wegen der darauf ruhenden beständigen öffentlichen Abgaben, gemeinen Lasten und privat-

Soll die Subhastation fortgesetzt werden, und sind alle Interessenten einig, daß nur eine einfache Subhastationsfrist nach §. 14. der alleg. Verordn. rathsam sei, so ist demgemäß zu verfahren. Sind die Interessenten darüber nicht einig, so sind die Vorschriften des §. 8. der alleg. Verordn. und der Verordn. v. 2. Dezember 1837. zur Richtschnur anzunehmen.

(§. 411. des Anh. zur A.G.O.)

Zuschlag. Bei freiwilligen Subhastationen findet die Abfassung eines Zuschlagsbescheides oder Adjudikationserkenntnisses nicht weiter statt. (§. 1. der Verordn. v. 6. April 1839. G.S. S. 125.)

Auch in Ansehung des Zuschlags kommt es lediglich auf die Vereinigung der Extrahenten mit den sich meldenden Lizitanten an, ob und an welchen von diesen Letztern, für welches Gebot und unter was für Bedingungen der Zuschlag erfolgen, ob allenfalls die Subhastation weiter fortgesetzt, oder ob sie gänzlich eingestellt werden solle.

(§. 70. a. a. O. der A.G.O.)

Sind mehrere Extrahenten der freiwilligen Subhastation vorhanden, und diese können sich wegen des Zuschlags unter einander nicht vereinigen, so muß die Sache unter ihnen nach den Vorschriften der Gesetze vom gemeinschaftlichen Eigenthume beurtheilt, und allenfalls durch Urtel und Recht entschieden werden. (A.L.R. Thl. I. Tit. 17. §. 10. u. f.) [76.]

(§. 71. a. a. O. der A.G.O.)

---

rechtlichen Verpflichtungen ist das Erforderliche bei Regulirung der Kaufbedingungen festzusetzen.

Sind die Kaufbedingungen festgestellt, so können die Subhastationspatente erlassen werden, denen in Ermangelung einer förmlichen Taxe die aufgenommene Beschreibung des Grundstücks und die Kaufbedingungen beizufügen sind. Die Bestimmung der Fristen sowie die Art der Bekanntmachung der Patente hängt zunächst von dem Uebereinkommen der Extrahenten ab. Können sie sich deshalb nicht vereinigen, so ist in dieser Beziehung nach §. 69. a. a. O. der A.G.O. und eventuell so zu verfahren, wie bei nothwendigen Subhastationen vorgeschrieben ist (§§. 7. u. 8. der alleg. Verordn. u. Verordn. v. 2. Dezbr. 1837.). Die im §. 9. der alleg. Verordn. vorgeschriebene Benachrichtigung der aus dem Hypothekenbuche ersichtlichen Realinteressenten unterbleibt jedoch, da die Rechte der letzteren durch eine freiwillige Subhastation nicht verändert werden; wohl aber ist den etwa vorhandenen Vorkaufsberechtigten der Bietungstermin bekannt zu machen (A.L.R. Thl. I. Tit. 20. §§. 608—615.)

(§§. 7. u. 8. derselben Instrukt.)

Anmerk. 76. Nach §. 12. Tit. 17. Th. I. des A.L.R. entscheidet die Mehrheit der Stimmen, wobei die Stimmen nicht nach den Per-

Während des darüber entstehenden Streites können die Lizitanten für das Gebot zu haften nicht gezwungen werden, und wenn sie abstehen, so bleiben dem die Adjudikation verlangenden Theile, wenn er in der Hauptsache obsiegt, seine Rechte gegen den Widersprechenden wegen des aus der Vereitelung des Zuschlags etwa entstehenden Interesse nach allgemeinen gesetzlichen Verordnungen vorbehalten.

(§. 72. a. a. O. der A.G.O.)

Wenn nach veranlaßter freiwilliger Subhastation und vor dem Zuschlage Umstände sich hervorthun, welche die Verwandlung derselben in eine nothwendige begründen können, so kann mit dem Zuschlage nur alsdann verfahren werden, wenn entweder die sämmtlichen alsdann vorhandenen Interessenten damit einig, oder wenn bei der freiwilligen Subhastation alle gesetzliche Förmlichkeiten der nothwendigen beobachtet worden sind.

(§. 73. a. a. O. der A.G.O.)

Das Gericht hat, wenn die Einwilligung der Betheiligten in den Zuschlag erfolgt, oder vorschriftsmäßig ergänzt worden ist (§. 71. u. §. 74. Nr. 2 a. a. O. der A.G.O.), die Lizitationsverhandlungen ebenso wie bei Verträgen, welche nothwendig einer Aufnahme und Vollziehung vor dem Richter der Sache bedürfen, unter Beifügung der Kaufbedingungen und der Urkunde über die erfolgte oder ergänzte Zustimmung der Betheiligten in beglaubter Form auszufertigen. Diese Ausfertigung vertritt die Stelle des Kaufkontrakts. 77.)

(§. 2. der Verordn. v. 6. April 1839. G.S. S. 125.)

---

sonen sondern nach Verhältniß der Antheile der Interessenten gezählt werden (§. 21.); findet sich bei der richterlichen Untersuchung (§. 15.), daß der Zuschlag zum gemeinschaftlichen Vortheil gereiche, und dem Widersprechenden unschädlich sei, so muß der Richter die Einwilligung des Letzteren ergänzen (§. 17.).

Anmerk. 77. Nach diesem §. 2. vertritt die Lizitationsverhandlung die Stelle des Kaufkontrakts; es sind daher hinsichtlich der Aufnahme und Fassung derselben im Allgemeinen die Vorschriften der Gerichts-Ordnung über das Verfahren bei Handlungen der freiwilligen Gerichtsbarkeit Thl. II. Tit. 2. zu beobachten. Insbesondere muß das Lizitationsprotokoll genaue Auskunft geben über die Identität, die Dispositionsfähigkeit und Legitimation der Interessenten sowie ihrer Vertreter, und neben einer die wesentlichen Merkmale des Grundstücks umfassenden Beschreibung desselben vollständig die Bedingungen enthalten, unter welchen der Verkauf erfolgt ist. Dabei ist zugleich, falls der Kauf nicht ohne Genehmigung der Obervormundschaft oder einer vorgesetzten Behörde abgeschlossen werden darf, dieserhalb das Erforderliche zu bemerken,

Subhastation der Mündelgüter.

Bei den freiwillig subhastirten Gütern der Pflegebefohlenen ist zu bemerken:

1. daß, ehe die Subhastation verfügt werden kann, der Vormund oder Kurator sich durch ein obervormundschaftliches Dekret zu solchem Antrage legitimiren müsse. Was bei Ertheilung eines solchen Dekrets die Pupillengerichte zu beobachten haben, bestimmen die Vormundschaftsgesetze (A.L.R. Thl. II. Tit. 18. §. 550 u. f.) [78.]
2. daß, ehe auf das abgehaltene Lizitationsprotokoll die Adjudikation erfolgen kann, zuvörderst die Genehmigung des vormundschaftlichen Gerichts sowohl in Ansehung des Quanti als der Zahlungs- und übrigen Bedingungen beigebracht werden müsse. [79.]

(§. 74. a. a. O. der A.G.O.)

---

und eine Frist zu bestimmen, bis zu deren Ablauf der Meistbietende an sein Gebot gebunden sein soll.

Wird der Zuschlag bewilligt, und in den dazu geeigneten Fällen die Genehmigung der vormundschaftlichen oder der vorgesetzten Behörde beigebracht, so ist die Lizitationsverhandlung nach Vorschrift des §. 49. Tit. 2. Thl. II. der A.G.O. sofort auszufertigen. Zu der für den Käufer bestimmten Hauptausfertigung wird der Kaufwerthstempel verwendet, und es werden ihr die Urkunden über die erfolgte oder ergänzte Zustimmung der Betheiligten angeheftet. Des Anschlusses der Legitimations-Dokumente der Extrahenten bedarf es nicht. Welche Nebenausfertigungen außerdem noch zu ertheilen sind, hängt von den Anträgen der Extrahenten ab.

Die Original-Ausfertigungen hat der Subhastationsrichter der Hypothekenbehörde unmittelbar zu übersenden, um den Besitztitel für den Käufer zu berichtigen, sobald die Uebergabe des veräußerten Gegenstandes nachgewiesen sein wird, und die rückständigen Kaufgelder für den Verkäufer einzutragen, wenn die Eintragung derselben verabredet worden ist, damit von Seiten des subhastirenden Gerichts alles geschieht, was erforderlich ist, um die Rechte der Betheiligten vollständig zu sichern.

Dem Hypothekenrichter liegt ob, die Realgläubiger von der erfolgten Veräußerung des Grundstücks in Gemäßheit des §. 4. der Deklaration vom 21. März 1835. (G.S. S. 43.) und der Instruktion vom 12. Juni 1835. (Jahrb. Bd. 45. S. 510.) zu benachrichtigen.

(§§. 9—12. derselben Instrukt.)

Anmerk. 78. Die §§. 550 ff. Tit. 18. Thl. II. des A.L.R. bestimmen, was bei Veräußerung von Mündelsgrundstücken zu beobachten ist; in der Regel dürfen unbewegliche Güter der Pflegebefohlenen ohne öffentliche Subhastation nicht veräußert werden (§. 550.), widrigenfalls die Veräußerung nichtig ist (§. 585.); doch bedarf es keiner Subhastation, und es ist die Veräußerung aus freier Hand zulässig in den Fällen der §§. 574. 576. 578. 583. u. 586.

Anmerk. 79. Dies sind allein die gesetzlich nothwendigen Förmlichkeiten nach §. 587. Tit. 18. Thl. II. des A.L.R. Bei Ertheilung des Autorisationsdekretes zur freiwilligen Subhastation hat das vormundschaftliche Gericht zu prüfen, ob besondere Umstände eine Abkürzung des Lizitationstermines und andere als die für nothwendige Subhastationen vorgeschriebene Arten der Bekanntmachung rathsam machen, in Ermangelung solcher Umstände aber den Vormund anzuweisen, die Beobachtung der für nothwendige Subhastationen vorgeschriebenen Frist und Bekanntmachung oder die nothwendige Subhastation selbst in Antrag zu bringen. Hat eine besondere Veranlassung zur Genehmigung einer Abweichung vorgelegen, so hat das vormundschaftliche Gericht, wenn durch das Meistgebot die Taxe nicht erreicht worden ist, durch Versagung des Zuschlags und den Antrag auf Ansetzung eines neuen Bietungstermines immer noch ein Mittel, jeden Nachtheil, welcher den Pflegebefohlenen droht, abzuwenden, es müßte denn bei der Konkurrenz majorenner Miteigenthümer die Mehrheit sämmtlicher Theilnehmer den Verkauf für ein Meistgebot unter der Taxe verlangen (§. 91. Tit. 17. Thl. I. des A.L.R.). In solchem Falle liegt aber in diesem Beschlusse zugleich eine Bürgschaft dafür, daß von einer ferneren Lizitation unter Beobachtung der Förmlichkeiten nothwendiger Subhastationen kein Vortheil für die Pflegebefohlenen zu erwarten sei, und das vormundschaftliche Gericht ist außer Verantwortung, wenn es sich dem Beschlusse der Mehrheit unterwirft, dem es zu widersprechen kein Recht hat. Rescr. v. 15. Febr. 1841. (J.M.Bl. S. 102.)

FSC
www.fsc.org
MIX
Papier | Fördert gute Waldnutzung
FSC® C083411

Kolibri 360 GmbH
Ferdinand-Jühlke-Straße 7
99095 Erfurt, Deutschland
produktsicherheit@kolibri360.de